a à 80 c

Le Théâtre

Ed. Roy

Y+

1878

27.

REGNARD

——◇——

LE

LÉGATAIRE
UNIVERSEL

COMÉDIE EN CINQ ACTES

REPRÉSENTÉE POUR LA PREMIÈRE FOIS A PARIS EN

1708

——————

LA
CRITIQUE DU LÉGATAIRE

——————◉——————

NOUVELLE ÉDITION

PUBLIÉE

PARIS

DÉPARTEMENTS, ÉTRANGER,

CHEZ TOUS LES LIBRAIRES

——

1878

LE
LÉGATAIRE UNIVERSEL

PERSONNAGES

GÉRONTE, oncle d'Éraste.
ÉRASTE, amant d'Isabelle.
MADAME ARGANTE, mère d'Isabelle.
ISABELLE, fille de madame Argante.

LISETTE, servante de Géronte.
CRISPIN, valet d'Éraste.
M. CLISTOREL, apothicaire.
M. SCRUPULE, } notaires.
M. GASPARD, }
UN LAQUAIS.

(La scène est à Paris, chez M. Géronte.)

ACTE PREMIER

SCÈNE I

LISETTE, CRISPIN.

LISETTE.

Bonjour, Crispin, bonjour.

CRISPIN.

Bonjour, belle Lisette.
Mon maître, toujours plein du soin qui l'inquiète,
M'envoie, à ton lever, zélé collatéral,
Savoir comment son oncle a passé la nuit.

LISETTE.

Mal.

CRISPIN.

Le bonhomme, chargé de fluxions, d'années,
Lutte depuis longtemps contre les destinées,
Et pare de la mort le trait fatal en vain ;
Il n'évitera pas celui du médecin.
Il garde le dernier ; et ce corps cacochyme
Est à son art fatal dévoué pour victime.

Nous prévoyons dans peu qu'un petit ou grand deuil
Etendra de son long Géronte en un cercueil.
Si mon maître pouvait être fait légataire,
Je ferais de bon cœur les frais du luminaire.

LISETTE.

Un remède par moi lui vient d'être donné,
Tel que l'apothicaire en avait ordonné.
J'ai cru que ce serait le dernier de sa vie ;
Il est tombé sur moi deux fois en léthargie.

CRISPIN.

De ses bouillons de bouche, et des postérieurs,
Tu prends soin ?

LISETTE.

De ma main il les trouve meilleurs :
Aussi, sans me targuer d'une vaine science,
J'entends ce métier-là mieux que fille de France.

CRISPIN.

Peste, le beau talent ! Tu te fais bien payer,
Je crois, de tous les soins qu'il te fait employer.

LISETTE.

Il ne me donne rien ; mais j'ai, pour récompense,
Le droit de lui parler avec toute licence.
Je lui dis, à son nez, des mots assez piquants :
Voilà tous les profits que j'ai depuis cinq ans.
C'est le plus ladre vert qu'on ait vu de la vie.
Je ne puis t'exprimer où va sa vilenie.
Il trouve tous les jours, dans son fécond cerveau,
Quelque trait d'avarice admirable et nouveau.
Il a, pour médecin, pris un apothicaire
Pas plus haut que ma jambe, et de taille sommaire :
Il croit qu'étant petit, il lui faut moins d'argent ;
Et qu'attendu sa taille, il ne paiera pas tant.

CRISPIN.

S'il est court, il fera de très-longues parties.

LISETTE.

Mais dans son testament ses grâces départies
Doivent me racquitter de son avare humeur :
Ainsi je renouvelle avec soin mon ardeur.

CRISPIN.

Il fait son testament?

LISETTE.

Dans peu de temps, j'espère
Y voir coucher mon nom en riche caractère.

CRISPIN.

C'est très-bien espérer : j'espère bien encor
Y voir aussi coucher le mien en lettres d'or.

LISETTE.

Tout beau, l'ami, tout beau ! L'on dirait, à t'entendre,
Qu'à la succession tu peux aussi prétendre.
Déjà ne sont-ils pas assez de concurrents,
Sans t'aller mettre encore au rang des aspirants?
Il a tant d'héritiers, le bon seigneur Géronte,
Il en a tant et tant, que parfois j'en ai honte :
Des oncles, des neveux, des nièces, des cousins,
Des arrière-cousins remués des germains ;
J'en comptai l'autre jour, en lignes paternelles,
Cent sept mâles vivants : juge encor des femelles !

CRISPIN.

Oui ! mais mon maître aspire à la plus grosse part :
J'en pourrais bien aussi tirer ma quote-part;
Je suis un peu parent, et tiens à la famille.

LISETTE.

Toi?

CRISPIN.

Ma première femme était assez gentille,
Une Bretonne vive, et coquette surtout,
Qu'Éraste, que je sers, trouvait fort à son goût :
Je crois, comme toujours il fut aimé des dames,
Que nous pourrions bien être alliés par les femmes :
Et de monsieur Géronte il s'en faudrait bien peu
Que par là je ne fusse un arrière-neveu.

LISETTE.

Oui-dà ; tu peux passer pour parent de campagne,
Ou pour neveu, suivant la mode de Bretagne.

CRISPIN.

Mais, raillerie à part, nous avons grand besoin

Qu'à faire un testament Géronte prenne soin.
Si mon maître, *primo*, n'est nommé légataire,
Le reste de ses jours il fera maigre chère.
Secundo, quoiqu'il soit diablement amoureux,
Madame Argante, avant de couronner ses feux,
Et de le marier à sa fille Isabelle,
Veut qu'un bon testament, bien sûr et bien fidèle,
Fasse ledit neveu légataire de tout.
Mais ce qui doit le plus être de notre goût,
C'est qu'Eraste nous fait trois cents livres de rente,
Si nous réussissons au gré de son attente :
Ce don, de notre hymen formera les liens.
Ainsi tant de raisons sont autant de moyens
Que j'emploie à prouver qu'il est très-nécessaire
Que le susdit neveu soit nommé légataire ;
Et je conclus enfin qu'il faut conjointement
Agir pour arriver au susdit testament.

LISETTE.

Comment diable ! Crispin, tu plaides comme un ange !

CRISPIN.

Je le crois. Mon talent te paraît-il étrange ?
J'ai brillé dans l'étude avec assez d'honneur,
Et l'on m'a vu trois ans clerc chez un procureur.
Sa femme était jolie ; et, dans quelques affaires,
Nous jugions à huis clos de petits commissaires.

LISETTE.

La boutique était bonne. Eh ! pourquoi la quitter ?

CRISPIN.

L'époux un peu jaloux m'en a fait déserter.
Un procureur n'est pas un homme fort traitable :
Sur sa femme il m'a fait des chicanes de diable.
J'ai bataillé, ma foi, deux ans sans en sortir ;
Mais je fus à la fin contraint de déguerpir.

SCÈNE II

ÉRASTE, CRISPIN, LISETTE.

CRISPIN.

Mais mon maître paraît.

ÉRASTE.

Ah ! te voilà, Lisette !
Guéris-moi, si tu peux, du soin qui m'inquiète.
Eh bien ! mon oncle est-il en état d'être vu ?

LISETTE.

Ah ! monsieur, depuis hier il est encor déchu :
J'ai cru que cette nuit serait sa nuit dernière,
Et que je fermerais pour jamais sa paupière.
Les lettres de répit qu'il prend contre la mort
Ne lui serviront guère, ou je me trompe fort.

ÉRASTE.

Ah ciel ! que dis-tu là ?

CRISPIN.

C'est la vérité pure.

ÉRASTE.

Quel que soit mon espoir, je sens que la nature
Excite dans mon cœur de tristes sentiments.

CRISPIN.

Je sentis autrefois les mêmes mouvements,
Quand ma femme passa les rives du Cocyte
Pour aller en bateau rendre aux défunts visite.
J'en avais dans le cœur un plaisir plein d'appas,
Comme tant de maris l'auraient en pareil cas :
Cependant la nature, excitant la tristesse,
Faisait quelque conflit avecque l'allégresse,
Qui, par certains ressorts et mélanges confus,
Combattaient tour à tour, et prenaient le dessus ;
En sorte que l'espoir... la douleur légitime...
L'amour... On sent cela bien mieux qu'on ne l'exprime
Mais ce que je puis dire, en vous accusant vrai,
C'est que, tout à la fois, j'étais et triste et gai.

ÉRASTE.

Je ressens pour mon oncle une amitié sincère ;
Je donne dans son sens en tout pour lui complaire ;
Quoi qu'il dise ou qu'il fasse, ayant le droit ou non,
Je conviens avec lui qu'il a toujours raison.

LISETTE.

Il faut que le vieillard soit mal dans ses affaires,

Puisqu'il m'a commandé d'aller chez deux notaires.

CRISPIN.

Deux notaires, hélas! Cela me fend le cœur.

LISETTE.

C'est pour instrumenter avecque plus d'honneur.

ÉRASTE.

Hé! dis-moi, mon enfant, en pleine confidence,
Puis-je, sans me flatter, former quelque espérance?

LISETTE.

Elle est très-bien fondée; et, depuis quelques jours,
Avec madame Argante il tient certains discours
Où l'on parle tout bas de legs, de mariage :
Je n'ai de leur dessein rien appris davantage.
Votre maîtresse est mise aussi dans l'entretien.
Pour moi, je crois qu'il veut vous laisser tout son bien,
Et vous faire épouser Isabelle.

ÉRASTE.

Ah! Lisette,
Que tu flattes mes sens! que ma joie est parfaite !
Ce n'est point l'intérêt qui m'anime aujourd'hui ;
Un dieu beaucoup plus fort et plus puissant que lui,
L'Amour, parle en mon cœur : la charmante Isabelle
Est de tous mes désirs une cause plus belle,
Et pour le testament me fait faire des vœux...

LISETTE.

L'Amour et l'intérêt seront contents tous deux.
Serait-il juste aussi qu'un si bel héritage
De cent cohéritiers devînt le sot partage?
Verrais-je d'un œil sec déchirer par lambeaux,
Par tant de campagnards, de pieds-plats, de nigauds,
Une succession qui doit, par parenthèse,
Vous rendre un jour heureux, et nous mettre à notre aise ?
Car vous savez, monsieur...

ÉRASTE.

Va, tranquillise-toi ;
Ce que j'ai dit est dit : repose-toi sur moi.

LISETTE.

Si votre oncle vous fait le bien qu'il se propose,
Sans trop vanter mes soins, j'en suis un peu la cause :

Je lui dis tous les jours qu'il n'a point de neveux
Plus doux, plus complaisants, ni plus respectueux ;
Non par l'espoir du bien que vous pouvez attendre,
Mais par un naturel et délicat et tendre.

CRISPIN.

Que cette fille-là connaît bien votre cœur !
Vous ne sauriez, ma foi, trop payer son ardeur.
Je dois, dans peu de temps, contracter avec elle.
Regardez-la, monsieur ; elle est et jeune et belle :
N'allez pas en user comme de l'autre, non !

LISETTE.

Monsieur Géronte vient, il faut changer de ton.
Je n'ai point eu le temps d'aller chez les notaires.
Toi, qui m'as trop longtemps parlé de tes affaires,
Va vite, cours, dis-leur qu'ils soient prêts au besoin.
L'un s'appelle Gaspard, et demeure à ce coin ;
Et l'autre un peu plus bas, et se nomme Scrupule.

CRISPIN.

Voilà pour un notaire un nom bien ridicule.

SCÈNE III

GÉRONTE, ÉRASTE, LISETTE, UN LAQUAIS.

GÉRONTE.

Ah ! bonjour, mon neveu.

ÉRASTE.

Je suis, en vérité,
Charmé de vous revoir en meilleure santé.
De grâce, asseyez-vous.

(Le laquais apporte une chaise.)

Ote donc cette chaise ;
Mon oncle, en ce fauteuil, sera plus à son aise.

(Le laquais ôte la chaise, apporte un fauteuil et sort.)

SCÈNE IV

GÉRONTE, ÉRASTE, LISETTE.

GÉRONTE.

J'ai, cette nuit, été secoué comme il faut,

Et je viens d'essuyer un dangereux assaut :
Un pareil, à coup sûr, emporterait la place.

ÉRASTE.

Vous voilà beaucoup mieux ; et le ciel, par sa grâce,
Pour vos jours en péril nous permet d'espérer.
Il faut présentement songer à réparer
Les désordres qu'a pu causer la maladie,
Vous faire désormais un régime de vie,
Prendre de bons bouillons, de sûrs confortatifs,
Nettoyer l'estomac par de bons purgatifs,
Enfin ne vous laisser manquer de nulles choses.

GÉRONTE.

Oui, j'aimerais assez ce que tu me proposes ;
Mais il faut tant d'argent pour se faire soigner,
Que, puisqu'il faut mourir, autant vaut l'épargner.
Ces porteurs de seringue ont pris des airs si rogues !...
Ce n'est qu'au poids de l'or qu'on achète leurs drogues.
Qui pourrait s'en passer et mourir tout d'un coup,
De son vivant, sans doute, épargnerait beaucoup.

ÉRASTE.

Oui, vous avez raison ; c'est une tyrannie :
Mais je ferai les frais de votre maladie.
La santé dans le monde étant le premier bien,
Un homme de bon sens n'y doit ménager rien.
De vos maux négligés vous guérirez sans doute.
Tâchons à réparer vos forces, quoi qu'il coûte.

GÉRONTE.

C'est tout argent perdu dans cette occasion :
La maison ne vaut pas la réparation.
Je veux, mon cher neveu, mettre ordre à mes affaires.
As-tu dit qu'on allât me chercher deux notaires ?

LISETTE.

Oui, monsieur ; et dans peu vous les verrez ici.

GÉRONTE.

Et dans peu vous saurez mes sentiments aussi ;
Je veux, en bon parent, vous les faire connaître.

ÉRASTE.

Je me doute à peu près de ce que ce peut être.

GÉRONTE.

J'ai des collatéraux...

LISETTE.

Oui vraiment, et beaucoup.

GÉRONTE.

Qui, d'un regard avide, et d'une dent de loup,
Dans le fond de leur cœur dévorent par avance
Une succession qui fait leur espérance.

ÉRASTE.

Ne me confondez pas, mon oncle, s'il vous plaît,
Avec de tels parents.

GÉRONTE.

Je sais ce qu'il en est.

ÉRASTE.

Votre santé me touche, et me plaît davantage
Que tout l'or qui pourrait me tomber en partage.

GÉRONTE.

J'en suis persuadé. Je voudrais me venger
D'un vain tas d'héritiers, et les faire enrager;
Choisir une personne honnête et qui me plaise,
Pour lui laisser mon bien et la mettre à son aise.

ÉRASTE.

Vous devez là-dessus suivre votre désir.

LISETTE.

Non, je ne comprends pas de plus charmant plaisir
Que de voir d'héritiers une troupe affligée,
Le maintien interdit, et la mine allongée,
Lire un long testament où, pâles, étonnés,
On leur laisse un bonsoir avec un pied de nez.
Pour voir au naturel leur tristesse profonde,
Je reviendrais, je crois, exprès de l'autre monde.

GÉRONTE.

Quoique déjà je sois atteint et convaincu,
Par les maux que je sens, d'avoir longtemps vécu;
Quoiqu'un sable brûlant cause ma néphrétique,
Que j'endure les maux d'une âcre sciatique,
Qui, malgré le bâton que je porte en tout lieu,
Fait souvent qu'en marchant je dissimule un peu;
Je suis plus vigoureux que l'on ne s'imagine,

Et je vois bien des gens se tromper à ma mine.

LISETTE.

Il est de certains jours de barbe, où, sur ma foi,
Vous ne paraissez pas plus malade que moi.

GÉRONTE.

Est-il vrai?

LISETTE.

Dans vos yeux un certain éclat brille.

GÉRONTE.

J'ai toujours reconnu du bon dans cette fille.
Je veux pourtant songer à mettre ordre à mon bien
Avant qu'un prompt trépas m'en ôte le moyen.
Tu connais et tu vois parfois madame Argante?

ÉRASTE.

Oui : dans ses procédés elle est toute charmante.

GÉRONTE.

Et sa fille Isabelle, euh! la connais-tu?

ÉRASTE.

Fort.

C'est une fille sage, et qui charme d'abord.

GÉRONTE.

Tu conviens que le ciel a versé dans son âme
Les qualités qu'on doit chercher en une femme?

ÉRASTE.

Je ne vois point d'objet plus digne d'aucuns vœux,
Ni de fille plus propre à rendre un homme heureux.

GÉRONTE.

Je m'en vais l'épouser.

ÉRASTE.

Vous, mon oncle!

GÉRONTE.

Moi-même.

ÉRASTE.

J'en ai, je vous l'avoue, une allégresse extrême.

LISETTE.

Miséricorde! hélas! ah ciel! assiste-nous,
De quelle malheureuse allez-vous être époux?

GÉRONTE.

D'Isabelle, en ce jour; et, par ce mariage,

Je lui donne, à ma mort, tout mon bien en partage.

ÉRASTE.

Vous ne pouvez mieux faire, et j'en suis très-content :
Je voudrais, comme vous, en pouvoir faire autant.

LISETTE.

Quoi! vous, vieux et cassé, fiévreux, épileptique,
Paralytique, étique, asthmatique, hydropique,
Vous voulez de l'hymen allumer le flambeau,
Et ne faire qu'un saut de la noce au tombeau!

GÉRONTE.

Je sais ce qu'il me faut : apprenez, je vous prie,
Que même ma santé veut que je me marie.
Je prends une compagne, et de qui tous les jours
Je pourrai, dans mes maux, tirer de grands secours.
Que me sert-il d'avoir une avide cohorte
D'héritiers, qui toujours veille et dort à ma porte ;
De gens qui, furetant les clefs du coffre-fort,
Me détendront mon lit peut-être avant ma mort ?
Une femme, au contraire, à son devoir fidèle,
Par des soins conjugaux me marquera son zèle ;
Et, de son chaste amour recueillant tout le fruit,
Je me verrai mourir en repos et sans bruit.

ÉRASTE.

Mon oncle parle juste, et ne saurait mieux faire
Que de se ménager un secours nécessaire.
Une femme économe et pleine de raison
Prendra seule le soin de toute la maison.

GÉRONTE, l'embrassant.

Ah! le joli garçon! Aurais-je dû m'attendre
Qu'il eût pris cette affaire ainsi qu'on lui voit prendre?

ÉRASTE.

Votre bien seul m'est cher.

GÉRONTE.

Va, tu n'y perdras rien :
Quoi qu'il puisse arriver, je te ferai du bien,
Et tu ne seras pas frustré de ton attente.

SCÈNE V

GÉRONTE, ÉRASTE, LISETTE, Un Laquais.

GÉRONTE.
Mais quelqu'un vient ici.

UN LAQUAIS.
Monsieur, madame Argante
Et sa fille sont là.

ÉRASTE.
Je vais les amener.

(Il sort.)

SCÈNE VI

GÉRONTE, LISETTE, Le Laquais.

GÉRONTE, à Lisette.
Mon chapeau, ma perruque.

LISETTE.
On va vous les donner.
Les voilà.

GÉRONTE.
Ne va pas leur parler, je te prie,
Ni de mon lavement, ni de ma léthargie.

LISETTE.
Elles ont toutes deux bon nez; dans un moment
Elles le sentiront de reste assurément.

SCÈNE VII

MADAME ARGANTE, ISABELLE, GÉRONTE,
ÉRASTE, LISETTE, Le Laquais.

MADAME ARGANTE.
Nous avons, ce matin, appris de vos nouvelles,
Qui nous ont mis pour vous en des peines mortelles.
Vous avez, ce dit-on, très-mal passé la nuit.

GÉRONTE.

Ce sont mes héritiers qui font courir ce bruit;
Ils me voudraient déjà voir dans la sépulture.
Je ne me suis jamais mieux porté, je vous jure.

ÉRASTE.

Mon oncle a le visage, ou du moins peut s'en faut,
D'un galant de trente ans.

LISETTE, à part.

Oui, qui mourra bientôt.

GÉRONTE.

Je serais bien malade, et plus qu'à l'agonie,
Si des yeux aussi beaux ne me rendaient la vie.

MADAME ARGANTE.

Ma fille, en ce moment vous voyez devant vous
Celui que je vous ai destiné pour époux.

GÉRONTE.

Oui, madame, c'est vous (pour le moins je m'en flatte)
Qui guérissez mes maux mieux qu'un autre Hippocrate.
Vous êtes pour mon cœur comme un julep futur,
Qui doit le nettoyer de ce qu'il a d'impur :
Mon hymen avec vous est un sûr émétique,
Et je vous prends enfin pour mon dernier topique.

ISABELLE.

Je ne sais pas, monsieur, pour quoi vous me prenez;
Mais ce choix m'interdit, et vous me surprenez.

MADAME ARGANTE.

Monsieur, vous épousant, vous fait un avantage
Qui doit faire oublier et ses maux et son âge;
Et vous n'aurez pas lieu de vous en repentir.

ISABELLE.

Madame, le devoir m'y fera consentir:
Mais peut-être, monsieur, par cette loi sévère,
Ne trouvera-t-il pas en moi ce qu'il espère.
Je sais ce que je suis, et le peu que je vaux,
Pour être, comme il dit, un remède à ses maux;
Il se trompe bien fort, s'il prétend, sur ma mine,
Devoir trouver en moi toute la médecine :
Je connais bien mes yeux; ils ne feront jamais
Une si belle cure et de si grands effets.

ÉRASTÈ.

Au pouvoir de ces yeux je rends plus de justice.

GÉRONTE.

Au feu que je ressens si l'amour est propice,
Avant qu'il soit neuf mois, sans trop me signaler,
Tous mes collatéraux auront à qui parler :
Dans le monde on saura, dans peu, de mes nouvelles.

LISETTE, à part.

Ah! par ma foi, je crois qu'il en fera de belles.

(Haut.)

Si le diable vous tente et vous veut marier,
Qu'il cherche un autre objet pour vous apparier.
Je m'en rapporte à vous : madame est vive et belle;
Il lui faut un époux qui soit aussi vif qu'elle,
Bien fait, et de bon air, qui n'ait pas vingt-cinq ans :
Vous, vous êtes majeur, et depuis très-longtemps.
A votre âge, doit-on parler de mariages?
Employez le notaire à de meilleurs usages :
C'est un bon testament, un testament, morbleu,
Bien fait, bien cimenté, qui doit vous tenir lieu
De tendresse, d'amour, de désir, de ménage,
De femme, de contrats, d'enfants, de mariage.
J'ai parlé, je me tais.

GÉRONTE.

Vraiment, c'est fort bien fait :
Qui vous a donc si bien affilé le caquet?

LISETTE.

La raison.

GÉRONTE, à madame Argante et à Isabelle.

De ses airs ne soyez point blessées :
Elle me dit parfois librement ses pensées;
Je le souffre en faveur de quelques bons talents.

LISETTE.

Je ne sais ce que c'est que de flatter les gens.

ÉRASTE.

Vous avez très-grand tort de parler de la sorte;
Je voudrais me porter comme monsieur se porte.
Il veut se marier; et n'a-t-il pas raison
D'avoir un héritier, s'il peut, de sa façon?

Quoi! refusera-t-il une aimable personne
Que son heureux destin lui réserve et lui donne?
Ah! le ciel m'est témoin si je voudrais jamais
De sort plus glorieux pour combler mes souhaits?

ISABELLE.

Vous me conseillez donc de conclure l'affaire?

ÉRASTE.

Je crois qu'en vérité vous ne sauriez mieux faire.

ISABELLE.

Vos conseils amoureux et vos rares avis,
Puisque vous le voulez, monsieur, seront suivis.

MADAME ARGANTE.

Ma fille sait toujours obéir quand j'ordonne.

ÉRASTE.

Oui, je vous soutiens, moi, qu'une jeune personne,
Malgré sa répugnance et l'orgueil de ses sens,
Doit suivre aveuglément le choix de ses parents;
Et mon oncle, après tout, n'a pas un si grand âge,
A devoir renoncer encore au mariage ;
Et soixante et huit ans, est-ce un si grand déclin,
Pour...

GÉRONTE.

Je ne les aurai qu'à la Saint-Jean prochain.

LISETTE.

Il a souffert le choc de deux apoplexies,
Qui ne sont, par bonheur, que deux paralysies;
Et tous les médecins qui connaissent ses maux
Ont juré Galien qu'à son retour des eaux,
Il n'aurait sûrement ni goutte sciatique,
Ni gravelle, ni point, ni toux, ni néphrétique.

GÉRONTE.

Ils m'ont même assuré que dans fort peu de temps,
Je pourrais de mon chef avoir quelques enfants.

LISETTE.

Je ne suis médecin non plus qu'apothicaire,
Et je jurerais, moi, cependant du contraire.

GÉRONTE, bas à Lisette.

Lisette, le remède agit à certain point...

LISETTE.

En dussiez-vous crever, ne le témoignez point.

ÉRASTE.

Mon oncle, qu'avez-vous? vous changez de visage.

GÉRONTE.

Mon neveu, je n'y puis résister davantage.
Ah! ah!... Madame, il faut que je vous dise adieu;
Certain devoir pressant m'appelle en certain lieu.

MADAME ARGANTE.

De peur d'incommoder, nous vous cédons la place.

GÉRONTE.

Eraste, conduis-les. Excusez-moi de grâce,
Si je ne puis rester plus longtemps avec vous.

(Il s'en va avec son laquais.)

SCÈNE VIII

MADAME ARGANTE, ISABELLE, ÉRASTE, LISETTE.

LISETTE, à Isabelle.

Madame, vous voyez le pouvoir de vos coups :
Un seul de vos regards, d'un mouvement facile,
Agite plus d'humeurs, détache plus de bile,
Opère plus en lui, dès la première fois,
Que les médicaments qu'il prend depuis six mois.
O pouvoir de l'amour !

MADAME ARGANTE.

Adieu, je me retire.

ÉRASTE.

Madame, accordez-moi l'honneur de vous conduire.

SCÈNE IX

LISETTE, seule.

Moi, je vais là-dedans vaquer à mon emploi;
Le bonhomme m'attend, et, ne fait rien sans moi.
Pour le premier début d'une noce conclue,
Voilà, je vous l'avoue, une belle entrevue !

ACTE DEUXIÈME

SCÈNE I

MADAME ARGANTE, ISABELLE, ÉRASTE.

MADAME ARGANTE.

C'est trop nous retenir, laissez-nous donc partir.

ÉRASTE.

Je ne puis vous quitter ni vous laisser sortir,
Que vous ne me flattiez d'un rayon d'espérance.

MADAME ARGANTE.

Je voudrais vous pouvoir donner la préférence.

ÉRASTE.

Quoi! vous aurez, madame, assez de cruauté
Pour conclure à mes yeux cet hymen projeté,
Après m'avoir promis la charmante Isabelle?
Pourrai-je, sans mourir, me voir séparé d'elle?

MADAME ARGANTE.

Quand je vous la promis, vous me fîtes serment
Que votre oncle, en faveur de cet engagement,
Vous ferait de ses biens donation entière;
En épousant ma fille, il offre de le faire:
Ai-je tort?

ÉRASTE, à Isabelle.

Vous, madame, y consentirez-vous?

ISABELLE.

Assurément, monsieur, il sera mon époux.
Et ne venez-vous pas de me dire vous-même
Qu'une fille, malgré la répugnance extrême
Qu'elle trouvait à prendre un parti présenté,
Devait de ses parents suivre la volonté?

ÉRASTE.

Et ne voyez-vous que, par cet artifice,
Pour rompre ses projets, je flattais son caprice?

Il est certains esprits qu'il faut prendre de biais,
Et que, heurtant de front, vous ne gagnez jamais.
Mon oncle est ainsi fait.

(A madame Argante.)

L'intérêt peut-il faire

Que vous sacrifiiez une fille si chère?

MADAME ARGANTE.

Mais le bien qu'il lui fait...

ÉRASTE.

Donnez-moi votre foi

De rompre cet hymen; et je vous promets, moi,
De tourner aujourd'hui son esprit de manière
Que les choses iront ainsi que je l'espère,
Et qu'il fera pour moi quelque heureux testament.

MADAME ARGANTE.

S'il le fait, ma fille est à vous absolument.
Je vais d'un mot d'écrit lui mander que son âge,
Que sa frêle santé répugne au mariage;
Que je serais bientôt cause de son trépas;
Que l'affaire est rompue, et qu'il n'y pense pas.

ISABELLE.

Je me fais d'obéir une joie infinie.

ÉRASTE.

Que mon sort est heureux! qu'il est digne d'envie!
Mais Lisette s'avance, et j'entends quelque bruit.

SCÈNE II

LISETTE, MADAME ARGANTE, ISABELLE,
ÉRASTE.

ÉRASTE, à Lisette

Comment mon oncle est-il?

LISETTE.

Le voilà qui me suit.

MADAME ARGANTE, à Éraste.

Je vous laisse avec lui : pour moi, je me retire.
Mais avant de partir, je vais là-bas écrire.
Vous, de votre côté, secondez mon ardeur.

ÉRASTE.

Le prix que j'en attends vous répond de mon cœur.

SCÈNE III

ÉRASTE, LISETTE.

LISETTE.

Eh bien! vous souffrirez que votre oncle, à son âge,
Fasse devant vos yeux un si sot mariage;
Qu'il vous frustre d'un bien que vous devez avoir!

ÉRASTE.

Hélas! ma pauvre enfant, j'en suis au désespoir.
Mais l'affaire n'est pas encore consommée,
Et son feu pourrait bien s'en aller en fumée.
La mère, en ma faveur, change de volonté.
Et va, d'un mot d'écrit entre nous concerté,
Remercier mon oncle, et lui faire comprendre
Qu'il est un peu trop vieux pour en faire son gendre.

LISETTE.

Je veux dans le complot entrer conjointement.
Et que deviendrait donc enfin le testament
Sur lequel nous fondons toutes nos espérances,
Et qui doit cimenter un jour nos alliances,
Et faire le bonheur d'Eraste et de Crispin?
Il faut, par notre esprit, faire notre destin,
Et rompre absolument l'hymen qu'il prétend faire.
J'en ai fait dire un mot à son apothicaire;
C'est un petit mutin, qui doit venir tantôt,
Et qui lui lavera la tête comme il faut.
Je ne veux pas rester dans une nonchalance
Qu'il faut laisser aux sots. Mais Géronte s'avance.

SCÈNE IV

GÉRONTE, Le Laquais, ÉRASTE, LISETTE.

GÉRONTE.

Ma colique m'a pris assez mal à propos;
Je n'ai senti jamais à la fois tant de maux.
N'ont-elles point été justement irritées
De ce que je les ai si brusquement quittées?

ÉRASTE.

On sait que d'un malade on doit excuser tout.

LISETTE.

Monsieur a fait pour vous les honneurs jusqu'au bout.
Je dirai cependant qu'en entrant en matière,
Vous n'avez pas là fait un beau préliminaire.

ÉRASTE.

Mon oncle fera mieux une seconde fois ;
Suffit qu'en épousant il ait fait un bon choix.

GÉRONTE.

Il est vrai. Cependant j'ai quelque répugnance
De songer, à mon âge, à faire une alliance :
Mais, puisque j'ai promis...

LISETTE.

Ne vous contraignez point ;
On n'est pas aujourd'hui scrupuleux sur ce point.
Monsieur acquittera la parole donnée.

GÉRONTE.

Le sort en est jeté, suivons ma destinée.
Je voudrais inventer quelque petit cadeau
Qui coûtât peu d'argent, et qui parût nouveau.

ÉRASTE.

Reposez-vous sur moi des soins de cette fête,
Des habits, du repas qu'il faut que l'on apprête :
J'ordonne sur ce point bien mieux qu'un médecin.

GÉRONTE.

Ne va pas m'embarquer dans un si grand festin.

LISETTE.

Il faut que l'abondance, avec soin répandue,
Puisse nous racquitter de votre triste vue :
Il faut entendre aussi ronfler les violons ;
Et je veux avec vous danser les cotillons.

GÉRONTE.

Je valais, dans mon temps, mon prix tout comme un autre.

LISETTE, à part.

Cela fait que bien peu vous valez dans le nôtre.

SCÈNE V

Un Laquais de madame Argante, GÉRONTE,
ÉRASTE, Le Laquais de Géronte.

LE LAQUAIS de madame Argante.
Ma maîtresse, qui sort dans ce moment d'ici,
M'a dit de vous donner le billet que voici.

GÉRONTE, prenant le billet.
Pour ma santé, sans doute, elles sont inquiètes.
Lisons. Va me chercher, Lisette, mes lunettes.

LISETTE.
Cela vaut-il le soin de vous tant préparer?
Donnez-moi le billet, je vais le déchiffrer.

(Elle lit.)
« Depuis notre entrevue, monsieur, j'ai fait réflexion
« sur le mariage proposé, et je trouve qu'il ne convient
« ni à l'un ni à l'autre. Ainsi vous trouverez bon, s'il
« vous plaît, qu'en vous rendant votre parole, je retire
« la mienne, et que je sois votre très-humble et très-
« obéissante servante,

« ARGANTE.

« Et plus bas,

« ISABELLE. »
Vous pouvez maintenant, sans que l'on vous punisse,
Vous retirer chez vous, et quitter le service;
Voilà votre congé bien signé.

GÉRONTE.
Mon neveu,
Que dis-tu de cela?

ÉRASTE.
Je m'en étonne peu.
Mais, sans vous arrêter à cet écrit frivole,
Il faut les obliger à tenir leur parole.

GÉRONTE.
Je me garderai bien de suivre ton avis;
Et d'un plaisir soudain tous mes sens sont ravis.
Je ne sais pas comment, ennemi de moi-même,
Je me précipitais dans ce péril extrême:

Un sort à cet hymen m'entraînait malgré moi,
Et point du tout l'amour.

LISETTE.

Sans jurer, je le croi.
Que diantre voulez-vous que l'amour aille faire
Dans un corps moribond, à ses feux si contraire?
Ira-t-il se loger avec des fluxions,
Des catarrhes, des toux, et des obstructions?

GÉRONTE, au laquais de madame Argante.

Attends un peu là-bas, et que rien ne te presse;
Je vais faire, à l'instant, réponse à ta maîtresse.

(Le laquais de madame Argante sort.)

SCÈNE VI

GÉRONTE, ÉRASTE, LISETTE, LE LAUQAIS

De Géronte.

GÉRONTE.

Voyez comme je prends promptement mon parti :
De l'hymen tout d'un coup me voilà départi.

LISETTE.

Il faut chanter, monsieur, votre nom par la ville.
Voilà ce qui s'appelle une action virile.

ÉRASTE.

C'était témérité, dans l'âge où vous voilà,
Malsain, fiévreux, goutteux, et pis que tout cela,
De prendre femme, et faire, en un jour si célèbre,
Du flambeau de l'hymen une torche funèbre.

GÉRONTE.

Mais tu louais tantôt mon dessein et mes feux.

ÉRASTE.

Tantôt vous faisiez bien, et maintenant bien mieux.

GÉRONTE.

Puisque je suis tranquille, et qu'un conseil plus sage
Me guérit des vapeurs d'amour, de mariage,
Je veux mettre ordre au bien que j'ai reçu du ciel,
Et faire en ta faveur un legs universel,
Par un bon testament.

ÉRASTE.

Ah ! monsieur, je vous prie,
Épargnez cette idée à mon âme attendrie :
Je ne puis, sans soupir, vous ouïr prononcer
Le mot de testament ; il semble m'annoncer,
Avant qu'il soit longtemps, le sort qui doit le suivre,
Et le malheur auquel je ne pourrai survivre :
Je frémis, quand je pense à ce moment cruel.

GÉRONTE.

Tant mieux ; c'est un effet de ton bon naturel.
Je veux donc te nommer mon légataire unique.
J'ai deux parents encor pour qui le sang s'explique :
L'un est fils de mon frère, et tu sais bien son nom,
Gentilhomme normand, assez gueux, ce dit-on ;
Et l'autre est une veuve avec peu de richesse,
La fille de ma sœur et par ainsi ma nièce,
Qui jadis dans le Maine épousa, quoique vieux,
Certain baron qui n'eut pour bien que ses aïeux.
Je veux donc, en faveur de l'amitié sincère
Qu'autrefois je portais à leur père, à leur mère,
Leur laisser à chacun vingt mille écus comptant.

LISETTE.

Vingt mille écus ! Le legs serait exorbitant.
Un neveu bas-normand, une nièce du Maine,
Pour acheter chez eux des procès par douzaine,
Jouiront, pour plaider, d'un bien comme cela !
Fi ! c'est trop des trois quarts pour ces deux cancres-là.

GÉRONTE.

Je ne les vis jamais. Ce que je puis vous dire,
C'est qu'ils se sont tous deux avisés de m'écrire
Qu'ils voulaient à Paris venir dans peu de temps,
Pour me voir, m'embrasser, et retourner contents.
Je crois que tu n'es pas fâché que je leur laisse
De quoi vivre à leur aise, et soutenir noblesse.

ÉRASTE.

N'êtes-vous pas, monsieur, maître de votre bien ?
Tout ce que vous ferez, je le trouverai bien.

LISETTE.

Et moi, je trouve mal cette dernière clause,

Et de tout mon pouvoir à ce legs je m'oppose.
Mais vous ne songez pas que le laquais attend.

GÉRONTE.

Je vais l'expédier, et reviens à l'instant.

LISETTE.

Avez-vous oublié qu'une paralysie
S'est de votre bras droit depuis un mois saisie,
Et que vous ne sauriez écrire ni signer?

GÉRONTE.

Il est vrai : mon neveu viendra m'accompagner;
Et je vais lui dicter une lettre d'un style
Qui de madame Argante échauffera la bile;
J'en suis bien assuré. Viens, Eraste; suis-moi.

ÉRASTE.

Vous obéir, monsieur, est ma suprême loi.

SCÈNE VII

LISETTE, seule.

Nos affaires vont prendre une face nouvelle,
Et la fortune enfin nous rit et nous appelle.

SCÈNE VIII

CRISPIN, LISETTE.

LISETTE.

Ah! te voilà, Crispin! et d'où diantre viens-tu?

CRISPIN.

Ma foi, pour te servir j'ai diablement couru;
Ces notaires sont gens d'approche difficile.
L'un n'était pas chez lui, l'autre était par la ville.
Je les ai déterrés où l'on m'avait instruit,
Dans un jardin, à table, en un petit réduit,
Avec dames qui m'ont paru de bonne mine.
Je crois qu'ils passaient là quelque acte à la sourdine.
Mais dans une heure au plus ils seront ici.

LISETTE.

Bon.

Sais-tu pourquoi Géronte ici les mandait?

CRISPIN.

Non.

LISETTE.

Pour faire son contrat de mariage.

CRISPIN.

Oh! diable!

A son âge, il voudrait nous faire un tour semblable!

LISETTE.

Pour Isabelle, un trait décoché par l'Amour
Avait, ma foi, percé son pauvre cœur à jour;
Et, frustrant des neveux l'espérance uniforme,
Lui-même il voulait faire un héritier en forme :
Mais le ciel, par bonheur, en ordonne autrement;
Il pense maintenant à faire un testament,
Où ton maître sera nommé son légataire.

CRISPIN.

Pour lui, comme pour nous, il ne pouvait mieux faire.
La nouvelle est trop bonne; il faut qu'en sa faveur
Je t'embrasse et rembrasse, et, ma foi, de bon cœur;
Et qu'un épanchement de joie et de tendresse,
En te congratulant... L'amour qui m'intéresse...
La nouvelle est charmante, et vaut seule un trésor.
Il faut, ma chère enfant, que je t'embrasse encor.

LISETTE.

Dans tes emportements sois sage et plus modeste.

CRISPIN.

Excuse si la joie emporte un peu le geste.

LISETTE.

Mais comme en ce bas monde il n'est nuls biens parfaits,
Et que tout ne va pas au gré de nos souhaits,
Il met au testament une fâcheuse clause.

CRISPIN.

Et dis-moi, mon enfant, quelle est-elle?

LISETTE.

Il dispose

De son argent comptant quarante mille écus
Pour deux parents lointains, et qu'il n'a jamais vus.

CRISPIN.

Quarante mille écus d'argent sec et liquide!

De la succession voilà le plus solide.
C'est de l'argent comptant dont je fais plus de cas.
Vous en aurez menti, cela ne sera pas,
C'est moi qui vous le dis, mon cher monsieur Géronte;
Vous avez fait sans moi trop vite votre compte.
Et qui sont ces parents?

LISETTE.

L'un est un Bas-Normand,
Gentilhomme, natif d'entre Falaise et Caen;
L'autre est une baronne, et veuve sans douaire,
Qui dans le Maine fait sa demeure ordinaire,
Plaideuse s'il en fut, comme on m'a dit souvent,
Qui, de trente procès, en perd vingt-cinq par an.

CRISPIN.

C'est tirer du métier toute la quintessence.
Puisque pour les procès elle a si bonne chance,
Il faut lui faire perdre encore celui-ci.

LISETTE.

L'un et l'autre bientôt arriveront ici.
Il faut, mon cher Crispin, tirer de ta cervelle,
Comme d'un arsenal, quelque ruse nouvelle
Qui déporte Géronte à leur faire ce legs.

CRISPIN.

A-t-il vu quelquefois ces deux parents?

LISETTE.

Jamais.
Il a su seulement, par une lettre écrite,
Qu'ils viendraient à Paris pour lui rendre visite.

CRISPIN.

Mon visage chez vous n'est-il point trop connu?

LISETTE.

Géronte, tu le sais, ne t'a presque point vu :
Et, pour te dire vrai, je suis persuadée
Qu'il n'a de ta figure encore nulle idée.

CRISPIN.

Bon. Mon maître sait-il ce dangereux projet,
L'intention de l'oncle, et le tort qu'on lui fait?

LISETTE.

Il ne le sait que trop : dans son cœur il enrage,
Et voudrait que quelqu'un détournât cet orage.

CRISPIN.

Je serai ce quelqu'un, je te le promets bien.
De la succession les parents n'auront rien ;
Et je veux que Géronte à tel point les haïsse,
Qu'ils soient déshérités ; de plus, qu'il les maudisse,
Eux et leurs descendants, à perpétuité,
Et tous les rejetons de leur postérité.

LISETTE.

Quoi ! tu pourrais, Crispin...

CRISPIN.

Va, demeure tranquille ;
Le prix qui m'est promis me rendra tout facile :
Car je dois t'épouser, si...

LISETTE.

D'accord... mais enfin...

CRISPIN.

Comment donc ?

LISETTE.

Tu m'as l'air d'être un peu libertin.

CRISPIN.

Ne nous reprochons rien.

LISETTE.

On sait de tes fredaines.

CRISPIN.

Nous sommes but à but : ne sais-je point des tiennes ?

LISETTE.

Tu dois de tous côtés, et tu devras longtemps.

CRISPIN.

J'ai cela de commun avec d'honnêtes gens.
Mais enfin sur ce point à tort tu t'inquiètes :
Le testament de l'oncle acquittera mes dettes ;
Et tel n'y pense pas qui doit payer pour moi.
Mais on vient.

LISETTE.

C'est Géronte. Adieu ; fuis, sauve-toi.
Va m'attendre là-bas : dans peu j'irai t'instruire

De ce que pour ton rôle il faudra faire et dire.

CRISPIN.

Va, va, je sais déjà tout mon rôle par cœur ;
Les gens d'esprit n'ont point besoin de précepteur.

SCÈNE IX

GÉRONTE, ÉRASTE, LISETTE.

GÉRONTE, tenant une lettre.

Je parle en cet écrit comme il faut à la mère :
Je voudrais que quelqu'un me contât la manière
Dont elle recevra mon petit compliment ;
Je crois qu'elle en sera surprise assurément.

ÉRASTE.

Si vous voulez, monsieur, me charger de la lettre,
Moi-même entre ses mains je promets de la mettre,
Et de vous rapporter ce qu'elle m'aura dit,
Et ce qu'elle aura fait en lisant votre écrit.

GÉRONTE.

Cela sera-t-il bien que toi-même on te voie ?

ÉRASTE.

Vous ne sauriez, monsieur, me donner plus de joie.

GÉRONTE.

Dis-leur de bouche encor qu'elle ne pense pas
A renouer l'hymen dont je fais peu de cas...

ÉRASTE.

De vos intentions je sais tout le mystère.

GÉRONTE.

Que je vais à l'instant te nommer légataire,
Te donner tout mon bien.

ÉRASTE.

                Je connais leur esprit,
Elles en crèveront toutes deux de dépit.
Demeurez en repos ; je sais ce qu'il faut dire,
Et de notre entretien je reviens vous instruire.

SCÈNE X

GÉRONTE, LISETTE.

GÉRONTE.

Oui, depuis que j'ai pris ce généreux dessein,
Je me sens de moitié plus léger et plus sain.

LISETTE.

Vous avez fait, monsieur, ce que vous deviez faire.
- Mais j'aperçois quelqu'un.

SCÈNE XI

M. CLISTOREL, GÉRONTE, LISETTE.

LISETTE.

C'est votre apothicaire,
Monsieur Clistorel.

GÉRONTE, à Clistorel.

Ah ! Dieu vous gard' en ces lieux.
Je suis, quand je vous vois, plus vif et plus joyeux.

CLISTOREL, fâché.

Bonjour, monsieur, bonjour.

GÉRONTE.

Si je m'y puis connaître,
Vous paraissez fâché. Quoi ?

CLISTOREL.

J'ai raison de l'être.

GÉRONTE.

Qui vous a mis si fort la bile en mouvement ?

CLISTOREL.

Qui me l'a mise ?

GÉRONTE.

Oui.

CLISTOREL.

Vos sottises.

GÉRONTE.

Comment ?

CLISTOREL.

Je viens, vraiment, d'apprendre une belle nouvelle,
Qui me réjouit fort.

GÉRONTE.

Eh! monsieur, quelle est-elle?

CLISTOREL.

N'avez-vous point de honte à l'âge où vous voilà,
De faire extravagance égale à celle-là?

GÉRONTE.

De quoi s'agit-il donc?

CLISTOREL.

Il vous faudrait encore,
Malgré vos cheveux gris, quelques grains d'ellébore.
On m'a dit par la ville, et c'est un fait certain,
Que de vous marier vous formez le dessein.

LISETTE.

Quoi! ce n'est que cela?

CLISTOREL.

Comment donc? dans la vie,
Peut-on faire jamais de plus haute folie?

GÉRONTE.

Et quand cela serait! pourquoi vous récrier,
Vous que depuis un mois on vit remarier?

CLISTOREL.

Vraiment, c'est bien de même! Avez-vous le courage
Et la mâle vigueur requise en mariage?
Je vous trouve plaisant! et vous avez raison
De faire avecque moi quelque comparaison!
J'ai fait quatorze enfants à ma première femme,
Madame Clistorel (Dieu veuille avoir son âme);
Et si dans mes travaux la mort ne me surprend,
J'espère à la seconde en faire encore autant.

LISETTE.

Ce sera très-bien fait.

CLISTOREL.

Votre corps cacochyme
N'est point fait, croyez-moi, pour ce genre d'escrime.
J'ai lu dans Hippocrate, il n'importe en quel lieu,
Un aphorisme sûr; il n'est point de milieu:

« Tout vieillard qui prend fille alerte et trop fringante,
« De son propre couteau sur ses jours il attente. »
Virgo libidinosa senem jugulat.

LISETTE.

Quoi ! monsieur Clistorel, vous savez du latin !
Vous pourriez, dans un jour, vous faire médecin.

CLISTOREL.

Moi ! le ciel m'en préserve ! et ce sont tous des ânes,
Ou du moins les trois quarts : ils m'ont fait cent chicanes
Au procès qu'ils nous ont sottement intenté ;
Moi seul j'ai fait bouquer toute la Faculté.
Ils voulaient obliger tous les apothicaires
A faire et mettre en place eux-mêmes leurs clystères,
Et que tous nos garçons ne fussent qu'assistants.

LISETTE.

Fi donc ! ces médecins sont de plaisantes gens !

CLISTOREL.

Il m'aurait fait beau voir, avecque des lunettes,
Faire, en jeune apprenti, ces fonctions secrètes !
C'était, à soixante ans, nous mettre à l'A B C.
Voyez, pour tout un corps, quel affront c'eût été !

GÉRONTE.

Vous avez fort bien fait, dans cette procédure,
D'avoir jusques au bout soutenu la gageure.

CLISTOREL.

J'étais bien résolu, plutôt que de plier,
D'y manger ma boutique, et jusqu'à mon mortier.

LISETTE.

Leur dessein, en effet, était bien ridicule.

CLISTOREL.

Je suis, quand je m'y mets, plus têtu qu'une mule.

GÉRONTE.

C'est bien fait. Ces messieurs voulaient vous offenser :
Mais que vous ai-je fait, moi, pour vous courroucer ?

CLISTOREL.

Ce que vous m'avez fait ? Vous voulez prendre femme,
Pour crever ; et moi seul j'en aurai tout le blâme.
Prendre une femme, vous ! Allez, vous êtes fou.

GÉRONTE.

Monsieur...

CLISTOREL.

Il vaudrait mieux qu'on vous tordît le cou.

GÉRONTE.

Mais, monsieur...

CLISTOREL.

Prenez-moi de bonnes médecines,
Avec de bons sirops et drogues anodines,
De bon catholicon...

GÉRONTE.

Monsieur...

CLISTOREL.

De bon séné,
De bon sel polychreste extrait et raffiné...

GÉRONTE.

Monsieur, un petit mot.

CLISTOREL.

De bon tartre émétique,
Quelque bon lavement fort et diurétique :
Voilà ce qu'il vous faut : mais une femme!...

GÉRONTE.

Mais...

CLISTOREL.

Ma boutique pour vous est fermée à jamais...
S'il lui fallait...

LISETTE.

Monsieur...

CLISTOREL.

Dans un péril extrême,
Le moindre lénitif, ou le moindre apozème,
Une goutte de miel ou de décoction...
Je le verrais crever comme un vieux mousqueton.
O le beau jouvenceau pour entrer en ménage!

LISETTE.

Mais, monsieur Clistorel...

CLISTOREL.

Le plaisant mariage!

Le beau petit mignon!

LISETTE.
Monsieur, écoutez-nous.

CLISTOREL.
Non, non, je ne veux plus de commerce avec vous.
Serviteur, serviteur.

SCÈNE XII

GÉRONTE, LISETTE.

LISETTE.
Que le diable t'emporte !
Non, je ne vis jamais animal de la sorte.
A le bien mesurer, il n'est pas, que je crois,
Plus haut que sa seringue, et glapit comme trois.
Ces petits avortons ont tous l'humeur mutine.

GÉRONTE.
Il ne reviendra plus ; son départ me chagrine.

LISETTE.
Pour un, vous en aurez mille tout à la fois.
Un de mes bons amis, dont il faut faire choix,
Qui s'est fait, depuis peu, passer apothicaire,
M'a promis qu'à bon prix il ferait votre affaire ;
Et qu'il aurait pour vous quelque sirop à part,
Casse, séné, rhubarbe, et le tout de hasard,
Qui fera plus d'effet et de meilleur ouvrage
Que ce qu'on vous vendait quatre fois davantage.

GÉRONTE.
Fais-le-moi donc venir.

LISETTE.
Je n'y manquerai pas.

GÉRONTE.
Allons nous reposer. Lisette, suis mes pas.
Ce monsieur Clistorel m'a tout ému la bile.

LISETTE.
Souvenez-vous toujours, quand vous serez tranquille,
Dans votre testament de me faire du bien.

GÉRONTE.
Je t'en ferai,
                (Bas, à part.)
            pourvu qu'il ne m'en coûte rien.

ACTE TROISIÈME

SCÈNE I

GÉRONTE, LISETTE.

GÉRONTE.

Éraste ne vient point me rendre de réponse.
Qu'est-ce que ce délai me prédit et m'annonce?

LISETTE.

Et pourquoi, s'il vous plaît, vous inquiéter tant?
Suffit que vous devez être de vous content ;
Vous n'avez jamais rien fait de plus héroïque
Que de rompre un hymen aussi tragi-comique.

GÉRONTE.

Je suis content de moi dans cette occasion,
Et monsieur Clistorel a fort bonne raison.
C'était, la pierre au cou, la tête la première,
M'aller précipiter au fond de la rivière.

LISETTE.

Bon ! c'était cent fois pis encor que tout cela.
Mais enfin tout va bien.

SCÈNE II

CRISPIN, en gentilhomme campagnard ; GÉRONTE, LISETTE.

CRISPIN, dehors, heurtant.

Holà, quelqu'un, holà !
Tout est-il mort ici, laquais, valet, servante ?
J'ai beau heurter, crier ; aucun ne se présente.
Le diable puisse-t-il emporter la maison !

LISETTE..

Eh ! qui diantre chez nous heurte de la façon ?
(Elle ouvre.)
Que voulez-vous, monsieur ? quel démon vous agite ?
Vient-on chez un malade ainsi rendre visite ?
(A part.)
Dieu me pardonne ! c'est Crispin ; c'est lui, ma foi !

CRISPIN, bas à Lisette.

Tu ne te trompes pas, ma chère enfant ; c'est moi !
(Haut.)
Bonjour, bonjour, la fille. On m'a dit par la ville
Qu'un Géronte en ce lieu tenait son domicile :
Pourrait-on lui parler ?

LISETTE.

Pourquoi non ? le voilà.

CRISPIN, lui secouant le bras.

Parbleu, j'en suis bien aise. Ah ! monsieur, touchez là.
Je suis votre valet, ou le diable m'emporte.
Touchez là derechef. Le plaisir me transporte
Au point que je ne puis assez vous le montrer.

GÉRONTE.

Cet homme assurément prétend me démembrer.

CRISPIN.

Vous paraissez surpris autant qu'on le peut être.
Je vois que vous avez peine à me reconnaître ;
Mes traits vous sont nouveaux : savez-vous bien pour-
C'est que vous ne m'avez jamais vu.   quoi ?

GÉRONTE.

Je le crois.

CRISPIN.

Mais feu monsieur mon père, Alexandre Choupille,
Gentilhomme normand, prit pour femme une fille
Qui fut, à ce qu'on dit, votre sœur autrefois,
Et qui me mit au jour au bout de quatre mois.
Mon père se fâcha de cette diligence ;
Mais un ami sensé lui dit, en confidence,
Qu'il est vrai que ma mère, en faisant ses enfants,
N'observait pas encore assez l'ordre des temps ;

Mais qu'aux femmes l'erreur n'était pas inouïe,
Et qu'elle ne manquait qu'à la chronologie.

GÉRONTE.

A la chronologie !

LISETTE.

Une femme, en effet,
Ne peut pas calculer comme un homme aurait fait.

CRISPIN.

Or donc cette femelle, à concevoir si prompte,
Qu'à tout considérer quelquefois j'en ai honte,
En me mettant au jour, soit disgrâce ou faveur,
M'a fait votre neveu, puisqu'elle est votre sœur.

GÉRONTE.

Apprenez, mon neveu, si par hasard vous l'êtes,
Que vous êtes un sot, aux discours que vous faites.
Ma sœur fut sage : et nul ne peut lui reprocher
Que jamais sur l'honneur on l'ait pu voir broncher.

CRISPIN.

Je le crois : cependant, tant qu'elle fut vivante,
On tient que sa vertu fut un peu chancelante.
Quoi qu'il en soit enfin, légitime ou bâtard,
Soit qu'on m'ait mis au monde ou trop tôt ou trop tard,
Je suis votre neveu, quoi qu'en dise l'envie ;
De plus, votre héritier, venant de Normandie
Exprès pour recueillir votre succession.

GÉRONTE.

C'est bien fait ; et je loue assez l'intention.
Quand vous en allez-vous ?

CRISPIN.

Voudriez-vous me suivre ?
Cela dépend du temps que vous avez à vivre.
Mon oncle, soyez sûr que je ne partirai
Qu'après vous avoir vu, bien cloué, bien muré,
Dans quatre ais de sapin reposer à votre aise.

LISETTE, bas à Géronte.

Vous avez un neveu, monsieur, ne vous déplaise,
Qui dit ses sentiments en pleine liberté.

GÉRONTE, bas à Lisette.

A te dire le vrai, j'en suis épouvanté.

CRISPIN.

Je suis persuadé, de l'humeur dont vous êtes,
Que la succession sera des plus complètes,
Que je vais manier de l'or à pleine main ;
Car vous êtes, dit-on, un avare, un vilain.
Je sais que, pour un sou, d'une ardeur héroïque,
Vous vous feriez fesser dans la place publique.
Vous avez, dit-on même, acquis, en plus d'un lieu,
Le titre d'usurier et de fesse-mathieu.

GÉRONTE.

Savez-vous, mon neveu, qui tenez ce langage,
Que, si de mes deux bras j'avais encor l'usage,
Je vous ferais sortir par la fenêtre ?

CRISPIN.

Moi ?

GÉRONTE.

Oui, vous : et, dans l'instant, sortez.

CRISPIN.

Ah ! par ma foi,
Je vous trouve plaisant de parler de la sorte !
C'est à vous de sortir, et de passer la porte.
La maison m'appartient : ce que je puis souffrir,
C'est de vous y laisser encor vivre et mourir.

LISETTE.

Ah ciel ! quel garnement !

GÉRONTE, bas.
Où suis-je ?

CRISPIN.

Allons, m'amie,
Au bel appartement mène-moi, je te prie.
Est-il voisin du tien ? Je te trouve à mon gré ;
Et nous pourrons, la nuit, converser de plain-pied.
Bonne chère, grand feu : que la cave enfoncée
Nous fournisse, à pleins brocs, une liqueur aisée :
Fais main basse sur tout ; le bonhomme a bon dos,
Et l'on peut hardiment le ronger jusqu'aux os.
Mon oncle, pour ce soir il me faut, je vous prie,
Cent louis neufs comptant, en avance d'hoirie ;

Sinon, demain matin, si vous le trouvez bon,
Je mettrai, de ma main, le feu dans la maison.

GÉRONTE, à part.

Grands dieux ! vit-on jamais insolence semblable ?

LISETTE, bas à Géronte.

Ce n'est pas un neveu, monsieur ; mais c'est un diable.
Pour le faire sortir employez la douceur.

GÉRONTE.

Mon neveu, c'est à tort qu'avec tant de hauteur
Vous venez tourmenter un oncle à l'agonie ;
En repos laissez-moi finir ma triste vie,
Et vous hériterez au jour de mon trépas.

CRISPIN.

D'accord. Mais quand viendra ce jour ?

GÉRONTE.

A chaque pas
L'impitoyable mort s'obstine à me poursuivre ;
Et je n'ai, tout au plus, que quatre jours à vivre.

CRISPIN.

Je vous en donne six ; mais après, ventrebleu,
N'allez pas me manquer de parole, ou dans peu
Je vous fais enterrer mort ou vif. Je vous laisse.
Mon oncle, encore un coup, tenez votre promesse,
Ou je tiendrai la mienne.

SCÈNE III

GÉRONTE, LISETTE.

LISETTE.

Ah ! quel homme voilà !
Quel neveu vos parents vous ont-ils donné là ?

GÉRONTE.

Ce n'est point mon neveu ; ma sœur était trop sage
Pour élever son fils dans un air si sauvage :
C'est un fieffé brutal, un homme des plus fous.

LISETTE.

Cependant, à le voir, il a quelque air de vous.
Dans ses yeux, dans ses traits, un je ne sais quoi brille ;
Enfin, on s'aperçoit qu'il tient de la famille.

GÉRONTE.

Par ma foi, s'il en tient, il lui fait peu d'honneur.
Ah! le vilain parent!

LISETTE.

Et vous auriez le cœur
De laisser votre bien, une si belle somme,
Vingt mille écus comptant, à ce beau gentilhomme?

GÉRONTE.

Moi! lui laisser mon bien! J'aimerais mieux cent fois
L'enterrer pour jamais.

LISETTE.

Ma foi, je m'aperçois
Que monsieur le neveu, si j'en crois le présage,
N'aura pas trop gagné d'avoir fait son voyage,
Et que le pauvre diable, arrivé d'aujourd'hui,
Aurait aussi bien fait de demeurer chez lui.

GÉRONTE.

Si c'est sur mon bien seul qu'il fonde sa cuisine,
Je t'assure déjà qu'il mourra de famine,
Et qu'il n'aura pas lieu de rire à mes dépens.

LISETTE.

C'est fort bien fait; il faut apprendre à vivre aux gens.
Voilà comme sont faits tous ces neveux avides,
Qui ne peuvent cacher leurs naturels perfides :
Quand ils n'assomment pas un oncle assez âgé,
Ils prétendent encor qu'il leur est obligé.
Mais Eraste revient, et nous allons apprendre
Comment tout s'est passé.

SCÈNE IV

ÉRASTE, GÉRONTE, LISETTE.

GÉRONTE.

Tu te fais bien attendre!
Tu m'as abandonné dans un grand embarras.
Un malheureux neveu m'est tombé sur les bras.

ÉRASTE.

Il vient de m'accoster là-bas tout hors d'haleine,
Et m'a dit en deux mots le sujet qui l'amène.

GÉRONTE.

Que dis-tu de ses airs?

ÉRASTE.

Je les trouve étonnants.

Il peste, il jure, il veut mettre le feu céans.

GÉRONTE.

J'aurais bien eu besoin ici de ta présence,
Pour réprimer l'excès de son impertinence;
Lisette en est témoin.

LISETTE.

Ah! le mauvais pendard,
A qui monsieur voulait de son bien faire part!

GÉRONTE.

J'ai bien changé d'avis : je te donne parole
Qu'il n'aura de mon bien jamais la moindre obole.

ÉRASTE.

Je me suis acquitté de ma commission,
Et tout s'est fait au gré de votre intention.
Votre lettre a produit un effet qui m'enchante.
On a montré d'abord une âme indifférente;
D'un faux air de mépris voulant couvrir leur jeu,
Elles me paraissaient s'en soucier fort peu :
Mais quand je leur ai dit que vous vouliez me faire
Aujourd'hui de vos biens unique légataire,
(Car vous m'avez prescrit de parler sur ce ton...)

GÉRONTE.

Oui, je te l'ai promis; c'est mon intention.

ÉRASTE.

Elles ont toutes deux témoigné des surprises
Dont elles ne seront de six mois bien remises.

GÉRONTE.

J'en suis persuadé.

ÉRASTE.

Mais écoutez ceci,
Qui doit bien vous surprendre, et m'a surpris aussi :
C'est que madame Argante, aimant votre famille,
M'a proposé, tout franc, de me donner sa fille,
Et d'acquitter ainsi, par un commun égard,
La parole donnée et d'une et d'autre part.

GÉRONTE.

Et qu'as-tu su répondre à ces belles pensées ?

ÉRASTE.

Que je ne voulais point aller sur vos brisées,
Sans avoir, sur ce point, su votre sentiment,
Et, de plus, obtenu votre consentement.

GÉRONTE.

Ne t'embarrasse point encor de mariage.
Que mon exemple ici serve à te rendre sage.

LISETTE.

Moi, j'approuverais fort cet hymen et ce choix :
Il est tel qu'il le faut, et j'y donne ma voix.
Il convient à monsieur de suivre cette envie,
Non à vous, qui devez renoncer à la vie.

GÉRONTE.

A la vie ! Et pourquoi ? Suis-je mort, s'il vous plaît ?

LISETTE.

Je ne sais pas, monsieur, au vrai ce qu'il en est ;
Mais tout le monde croit, à votre air triste et sombre,
Qu'errant près du tombeau, vous n'êtes plus qu'une
Et que, pour des raisons qui vous font différer, [ombre ;
Vous ne vous êtes pas encor fait enterrer.

GÉRONTE.

Avec de tels discours et ton air d'insolence,
Tu pourrais, à la fin, lasser ma patience.

LISETTE.

Je ne sais point, monsieur, farder la vérité,
Et dis ce que je pense avecque liberté.

SCÈNE V

LE LAQUAIS, GÉRONTE. ÉRASTE, LISETTE.

LE LAQUAIS.

Une dame, là-bas, monsieur, avec sa suite,
Qui porte le grand deuil, vient vous rendre visite,
Et se dit votre nièce.

GÉRONTE.

Encore des parents !

LE LAQUAIS.

La ferai-je monter?

GÉRONTE.

Non, je te le défends.

LISETTE.

Gardez-vous bien, monsieur, d'en user de la sorte,
Et vous ne devez pas lui refuser la porte.

(Au laquais.)

Va-t'en la faire entrer.

SCÈNE VI

GÉRONTE, ÉRASTE, LISETTE.

LISETTE, à Géronte.

Contraignez-vous un peu :
La nièce aura l'esprit mieux fait que le neveu.
Entre tant de parents, ce serait bien le diable
S'il ne s'en trouvait pas quelqu'un de raisonnable.

SCÈNE VII

CRISPIN en veuve, un petit dragon lui portant la queue,
GÉRONTE, ÉRASTE, LISETTE, LE LAQUAIS de
Géronte.

CRISPIN fait des révérences au laquais de Géronte qui lui ouvre
la porte. Le petit dragon sort.

(A Géronte.)

Permettez, s'il vous plaît, que cet embrassement
Vous témoigne ma joie et mon ravissement :
Je vois un oncle enfin, mais un oncle que j'aime,
Et que j'honore aussi cent fois plus que moi-même.

LISETTE, bas à Eraste.

Monsieur, c'est là Crispin.

ÉRASTE, bas à Lisette.

C'est lui, je le sais bien;
Nous avons eu là-bas un moment d'entretien.

GÉRONTE, à Eraste.

Elle a de la douceur et de la politesse.
Qu'on donne promptement un fauteuil à ma nièce.

CRISPIN, au laquais de Géronte.

Ne bougez, s'il vous plaît; le respect m'interdit.
(A Géronte, avec le ton du respect.)
Un fauteuil près mon oncle! Un tabouret suffit.
(Le laquais donne un tabouret à Crispin.)

GÉRONTE.

Je suis assez content déjà de la parente.

ÉRASTE.

Elle sait vraiment vivre, et sa taille est charmante.
(Le laquais donne un fauteuil à Géronte, une
chaise à Eraste, un tabouret à Lisette, et sort.)

SCÈNE VIII

GÉRONTE; CRISPIN en veuve; ÉRASTE, LISETTE.

CRISPIN.

Fi donc! vous vous moquez, je suis à faire peur.
Je n'avais autrefois que cela de grosseur :
Mais vous savez l'effet d'un fécond mariage,
Et ce que c'est d'avoir des enfants en bas âge;
Cela gâte la taille, et furieusement.

LISETTE.

Vous passeriez encor pour fille assurément.

CRISPIN.

J'ai fait du mariage une assez triste épreuve.
A vingt ans, mon mari m'a laissé mère et veuve.
Vous vous doutez assez qu'après ce prompt trépas,
Et faite comme on est, ayant quelques appas,
On aurait pu trouver à convoler de reste;
Mais du pauvre défunt la mémoire funeste
M'oblige à dévorer en secret mes ennuis.
J'ai bien de fâcheux jours, et de plus dures nuits,
Mais d'un veuvage affreux les tristes insomnies
Ne m'arracheront point de noires perfidies;
Et je veux chez les morts emporter, si je peux,
Un cœur qui ne brûla que de ses premiers feux.

ÉRASTE.

On ne poussa jamais plus loin la foi promise.
Voilà des sentiments dignes d'une Artémise.

GÉRONTE, à Crispin.

Votre époux, vous laissant mère et veuve à vingt ans,
Ne vous a pas laissé, je crois, beaucoup d'enfants.

CRISPIN.

Rien que neuf; mais, le cœur tout gonflé d'amertume,
Deux ans encore après j'accouchai d'un posthume.

LISETTE.

Deux ans après! voyez quelle fidélit!
On ne le croira pas dans la postérité

GÉRONTE, à Crispin.

Peut-on vous demander, sans vous faire de peine,
Quel sujet si pressant vous fait quitter le Maine?

CRISPIN.

Le désir de vous voir est mon premier objet;
De plus, certain procès qu'on m'a sottement fait,
Pour certain four banal sis en mon territoire.
Je propose d'abord un bon déclinatoire;
On passe outre : je forme empêchement formel;
Et, sans nuire à mon droit, j'anticipe l'appel.
La cause est au bailliage ainsi revendiquée :
On plaide, et je me trouve enfin interloquée!

LISETTE.

Interloquée! Ah ciel! quel affront est-ce là?
Et vous avez souffert qu'on vous interloquât?
Une femme d'honneur se voir interloquée!

ÉRASTE.

Pourquoi donc de ce terme être si fort piquée?
C'est un mot du barreau.

LISETTE.

C'est ce qu'il vous plaira;
Mais juge, de ses jours, ne m'interloquera :
Le mot est immodeste, et le terme m'en choque;
Et je ne veux jamais souffrir qu'on m'interloque.

GÉRONTE, à Crispin.

Elle est folle, et souvent il lui prend des accès...
Elle ne parle pas si bien que vous procès.

CRISPIN.

Ce procès n'est pas seul le sujet qui m'amène,
Et qui m'a fait quitter si brusquement le Maine.

Ayant appris, monsieur, par gens dignes de foi,
Qui m'ont fait un récit de vous, et que je croi,
Que vous étiez un homme atteint de plus d'un vice,
Un ivrogne, un joueur...

ÉRASTE.

Comment donc? Quel caprice!

CRISPIN.

Qui hantiez certains lieux et le jour et la nuit,
Où l'honnêteté souffre et la pudeur gémit.

GÉRONTE.

Est-ce à moi, s'il vous plaît, que ce discours s'adresse?

CRISPIN.

Oui, mon oncle, à vous-même. A-t-il rien qui vous blesse,
Puisqu'il est copié d'après la vérité?

GÉRONTE, à part.

Je ne sais où j'en suis.

CRISPIN.

On m'a même ajouté
Que, depuis très-longtemps, avec mademoiselle,
Vous meniez une vie indigne et criminelle,
Et que vous en aviez déjà plusieurs enfants.

LISETTE.

Avec moi, juste ciel! Voyez les médisants!
De quoi se mêlent-ils? Est-ce là leur affaire?

GÉRONTE.

Je ne sais qui retient l'effet de ma colère.

CRISPIN.

Ainsi, sur le rapport de mille honnêtes gens,
Nous avons fait, monsieur, assembler vos parents;
Et pour vous empêcher, dans ce désordre extrême,
De manger notre bien et vous perdre vous-même,
Nous avons résolu, d'une commune voix,
De vous faire interdire, en observant les lois.

GÉRONTE.

Moi, me faire interdire!

LISETTE.

Ah ciel! quelle famille!

CRISPIN.

Nous savons votre vie avecque cette fille,

Et voulons empêcher qu'il ne vous soit permis
De faire un mariage un jour *in extremis*.

GÉRONTE, sé levant.

Sortez d'ici, madame, et que de votre vie
D'y remettre le pied il ne vous prenne envie !
Sortez d'ici, vous dis-je, et sans vous arrêter...

CRISPIN.

Comment ! battre une veuve et la violenter !
Au secours ! aux voisins ! au meurtre ! on m'assassine !

GÉRONTE.

Voilà, je vous l'avoue, une grande coquine.

CRISPIN.

Quoi ! contre votre sang vous osez blasphémer !
Cela peut bien aller à vous faire enfermer.

LISETTE.

Faire enfermer monsieur !

CRISPIN.

Ne faites point la fière,
On peut aussi vous mettre à la Salpêtrière.

LISETTE.

A la Salpêtrière !

CRISPIN.

Oui, m'amie, et sans bruit.
De vos déportements on n'est que trop instruit.

ÉRASTE.

Il faut développer le fond de ce mystère.
Que l'on m'aille à l'instant chercher un commissaire.

CRISPIN.

Un commissaire à moi ! Suis-je donc, s'il vous plaît,
Gibier à commissaire ?

ÉRASTE.

On verra ce que c'est ;
Et dans peu nous saurons, avec un tel tumulte,
Si l'on vient chez les gens ainsi leur faire insulte.
Vous, mon oncle, rentrez dans votre appartement ;
Je vous rendrai raison de tout dans un moment.

GÉRONTE.

Ouf! ce jour-ci sera le dernier de ma vie.

LISETTE, à Crispin.

Misérable ! tu mets un oncle à l'agonie !
La mauvaise famille du Maine et de Caen !
Oui, tous ces parents-là méritent le carcan.

SCÈNE IX

ÉRASTE, CRISPIN.

ÉRASTE.

Est-il bien vrai, Crispin ? et ton ardeur sincère...

CRISPIN.

Envoyez donc, monsieur, chercher un commissaire :
Je l'attends de pied ferme.

ÉRASTE.

        Ah ! juste ciel ! c'est toi,
Je ne me trompe point.

CRISPIN.

        Oui, ventrebleu, c'est moi.
Vous venez de me faire une rude algarade.

ÉRASTE.

Ta pudeur a souffert d'une telle incartade.

CRISPIN.

L'ardeur de vous servir m'a donné cet habit ;
Et, comme vous voyez, mon projet réussit.
Avec de certains mots j'ai conjuré l'orage :
Ici des deux parents j'ai fait le personnage ;
Et j'ai dit, en leur nom, de telles duretés,
Qu'ils seront, par ma foi, tous deux déshérités.

ÉRASTE.

Quoi !

CRISPIN.

      Si vous m'aviez vu tantôt faire merveille,
En noble campagnard, le plumet sur l'oreille,
Avec un feutre gris, longue brette au côté,
Mon air de Bas-Normand vous aurait enchanté.
Mais, il faut dire vrai, cette coiffe m'inspire :
Plus d'intrépidité que je ne puis vous dire :

Avec cet attirail, j'ai vingt fois moins de peur ;
L'adresse et l'artifice ont passé dans mon cœur.
Qu'on a, sous cet habit, et d'esprit et de ruse !

ÉRASTE.

Enfin de ses neveux l'oncle se désabuse ;
Il fait un testament qui doit combler mes vœux.
Est-il dans l'univers un mortel plus heureux ?

SCÈNE X

ÉRASTE, CRISPIN, LISETTE.

LISETTE.

Ah ! monsieur, apprenez un accident terrible :
Monsieur Géronte est mort.

ÉRASTE.

Ah ciel ! est-il possible ?

CRISPIN.

Quoi ! l'oncle de monsieur serait défunt ?

LISETTE.

Hélas !

Il ne vaut guère mieux, tant le pauvre homme est bas.
Arrivant dans sa chambre et se traînant à peine,
Il s'est mis sur son lit sans force et sans haleine ;
Et, roidissant les bras, la suffocation
A tout d'un coup coupé la respiration ;
Enfin il est tombé, malgré mon assistance,
Sans voix, sans sentiment, sans pouls, sans connaissance.

ÉRASTE.

Je suis au désespoir. C'est ce dernier transport
Où tu l'as mis, Crispin, qui causera sa mort.

CRISPIN.

Moi, monsieur ! De sa mort je ne suis point la cause ;
Et le défunt, tout franc, a fort mal pris la chose.
Pourquoi se saisit-il si fort pour des discours ?
J'en voulais à son bien, et non pas à ses jours.

ÉRASTE.

Ne désespérons point encore de la vie ;
Il tombe assez souvent dans une léthargie
Qui ressemble au trépas, et nous alarme fort.

LISETTE.

Ah ! monsieur, pour le coup, il est à moitié mort ;
Et moi, qui m'y connais, je dis qu'il faut qu'il meure
Et qu'il ne peut jamais aller encore une heure.

ÉRASTE.

Ah ! juste ciel ! Crispin, quel triste événement !
Mon oncle mourra donc sans faire un testament ;
Et je serai frustré, par cette mort cruelle,
De l'espoir d'obtenir la charmante Isabelle !
Fortune, je sens bien l'effet de ton courroux !

LISETTE.

C'est à moi de pleurer, et je perds plus que vous.

CRISPIN.

Allons, mes chers enfants, il faut agir de tête,
Et présenter un front digne de la tempête :
Il n'est pas temps ici de répandre des pleurs ;
Faisons voir un courage au-dessus des malheurs.

ÉRASTE.

Que nous sert le courage, et que pouvons-nous faire ?

CRISPIN.

Il faut premièrement, d'une ardeur salutaire,
Courir au coffre-fort, sonder les cabinets,
Démeubler la maison, s'emparer des effets.
Lisette, quelque temps tiens la bouche cousue,
Si tu peux : va fermer la porte de la rue ;
Empare-toi des clefs, de peur d'invasion.

LISETTE.

Personne n'entrera sans ma permission.

CRISPIN.

Que l'ardeur du butin et d'un riche pillage
N'emporte pas trop loin votre bouillant courage ;
Surtout, dans l'action, gardons le jugement.
Le sort conspire en vain contre le testament :
Plutôt que tant de bien passe en des mains profanes,
De Géronte défunt j'évoquerai les mânes ;
Et vous aurez pour vous, malgré les envieux,
Et Lisette, et Crispin, et l'enfer, et les dieux.

ACTE QUATRIÈME

SCÈNE I. — ÉRASTE, CRISPIN.

ÉRASTE, tenant le portefeuille de Géronte.

Ah ! mon pauvre Crispin, je perds toute espérance.
Mon oncle ne saurait reprendre connaissance :
L'art et les médecins sont ici superflus ;
Le pauvre homme n'a pas à vivre une heure au plus.
Le legs universel qu'il prétendait me faire,
Comme tu vois, Crispin, ne m'enrichira guère.

CRISPIN.

Lisette et moi, monsieur, pour finir nos projets,
Nous comptions bien aussi sur quelque petit legs.

ÉRASTE.

Quoiqu'un cruel destin, à nos désirs contraire,
Epuise contre nous les traits de sa colère,
Nos soins ne seront pas infructueux et vains ;
Quarante mille écus que je tiens dans mes mains,
Triste et fatal débris d'un malheureux naufrage,
Seront mis, si je veux, à l'abri de l'orage.
Voilà tous bons billets que j'ai trouvés sur lui.

CRISPIN, voulant prendre les billets.

Souffrez que je partage avec vous votre ennui.
Ce petit lénitif, en attendant le reste,
Pourra nous consoler d'un coup aussi funeste.

ÉRASTE.

Il est vrai, cher Crispin ; mais enfin tu sais bien
Que cela ne fait pas presque le quart du bien
Qu'en la succession mes soins pouvaient prétendre,
Et que le testament me donnait lieu d'attendre :
Des maisons à Paris, des terres, des contrats,
Offraient bien à mon cœur de plus charmants appas.
Non que l'ardeur du gain et la soif des richesses
Me fissent ressentir leurs indignes faiblesses ;
C'est d'un plus noble feu que mon cœur est épris.
Je devais épouser Isabelle à ce prix :

Ce n'est qu'avec ce bien, qu'avec ces avantages,
Que je puis de sa mère obtenir les suffrages :
Faute de testament, je perds, et pour toujours,
Un bien dont dépendait le bonheur de mes jours.

CRISPIN.

J'entre dans vos raisons; elles sont très-plausibles,
Mais ce sont de ces coups imprévus et terribles,
Dont tout l'esprit humain demeure confondu,
Et qui mettent à bout la plus mâle vertu.
Pour marquer au vieillard sa dernière demeure,
O mort, tu devais bien attendre encore une heure;
Tu nous aurais tous mis dans un parfait repos,
Et le tout se serait passé bien à propos.

ÉRASTE.

Faudra-t-il qu'un espoir fondé sur la justice
En stériles regrets passe et s'évanouisse ?
Ne saurais-tu, Crispin, parer ce coup fatal,
Et trouver promptement un remède à mon mal ?
Tantôt tu méditais un héroïque ouvrage :
C'est dans les grands dangers qu'on voit un grand courage.

CRISPIN.

Oui, je croyais tantôt réparer cet échec;
Mais à présent j'échoue, et je demeure à sec.
Un autre, en pareil cas, serait aussi stérile.
S'il fallait par hasard, d'un coup de main habile,
Soustraire, escamoter sans bruit un testament
Où vous seriez traité peu favorablement,
Peut-être je pourrais, par quelque coup d'adresse,
Exercer mon talent et prouver ma prouesse :
Mais en faire trouver alors qu'il n'en est point,
Le diable avec sa clique, et réduit à ce point,
Fort inutilement s'y casserait la tête;
Et cependant, monsieur, le diable n'est pas bête.

ÉRASTE.

Tu veux donc me confondre et me désespérer ?

SCÈNE II. — LISETTE, ÉRASTE, CRISPIN.

LISETTE, à Éraste.

Les notaires, monsieur, viennent là-bas d'entrer ;
Je les ai mis tous deux dans cette salle basse,
Voyez : que voulez-vous, s'il vous plaît, qu'on en fasse ?

ÉRASTE.

Je vois à tous moments croître mon embarras.
Fais-en, ma pauvre enfant, tout ce que tu voudras.
Savent-ils que mon oncle a perdu connaissance,
Et qu'il ne peut parler ?

LISETTE.

Non, pas encor, je pense.

ÉRASTE.

Crispin...

CRISPIN.

Monsieur.

ÉRASTE.

Hélas !

CRISPIN.

Hélas !

ÉRASTE.

Juste ciel !

CRISPIN.

Ha !

ÉRASTE.

Que ferons-nous, dis-moi ?

CRISPIN.

Tout ce qu'il vous plaira.

ÉRASTE.

Quoi ! les renverrons-nous ?

CRISPIN.

Eh ! qu'en voulez-vous faire ?
Qu'en pouvons-nous tirer qui nous soit salutaire ?

LISETTE.

Je vais donc leur marquer qu'ils n'ont qu'à s'en aller.

ÉRASTE, arrêtant Lisette.

Attends encore un peu. Je me sens accabler.
Crispin, tu vas me voir expirer à ta vue.

CRISPIN.

Je vous suivrai de près, et la douleur me tue.

LISETTE.

Moi, je n'irai pas loin. Faut-il nous voir, tous trois,
Comme d'un coup de foudre, écraser à la fois?

CRISPIN.

Attendez... Il me vient... Le dessein est bizarre;
Il pourrait par hasard... J'entrevois... Je m'égare,
Et je ne vois plus rien que par confusion.

LISETTE.

Peste soit l'animal avec sa vision!

ÉRASTE.

Fais-nous part du dessein que ton cœur se propose.

LISETTE.

Allons, mon cher Crispin, tâche à voir quelque chose.

CRISPIN.

Laisse-moi donc rêver...Oui-da... Non... Si pourtant...
Pourquoi non?... On pourrait...

LISETTE.
                            Ne rêve donc point tant;
Les notaires là-bas sont dans l'impatience:
Tout ici ne dépend que de la diligence.

CRISPIN.

Il est vrai; mais enfin j'accouche d'un dessein
Qui passera l'effort de tout esprit humain.
Toi, qui parais dans tout si légère et si vive,
Exerce à ce sujet ton imaginative:
Voyons ton bel esprit.

LISETTE.
                      Je t'en laisse l'emploi.
Qui peut en fourberie être si fort que toi?
L'amour doit ranimer ton adresse passée.

CRISPIN.

Paix... Silence... Il me vient un surcroît de pensée.
J'y suis, ventrebleu!

LISETTE.
Bon.

CRISPIN.
Dans un fauteuil assis...

LISETTE.
Fort bien...

CRISPIN.
Ne troublez pas l'enthousiasme où je suis :
Un grand bonnet fourré jusque sur les oreilles ;
Les volets bien fermés...

LISETTE.
C'est penser à merveilles.

CRISPIN.
Oui, monsieur, dans ce jour, au gré de vos souhaits,
Vous serez légataire, et je vous le promets.
Allons, Lisette, allons, ranimons notre zèle ;
L'amour à ce projet nous guide et nous appelle.
Va de l'oncle défunt me chercher quelque habit,
Sa robe de malade, et son bonnet de nuit :
Les dépouilles du mort feront notre victoire.

LISETTE.
Je veux en élever un trophée à ta gloire :
Et je cours te servir. Je reviens sur mes pas.

SCÈNE III. — ÉRASTE, CRISPIN.

ÉRASTE.
Tu m'arraches, Crispin, des portes du trépas.
Si ton dessein succède au gré de notre envie,
Je veux te rendre heureux le reste de ta vie.
Je serais légataire ! et, par même moyen,
J'épouserais l'objet qui fait seul tout mon bien !
Ah ! Crispin !

CRISPIN.
Cependant une terreur secrète
S'empare de mes sens, m'alarme et m'inquiète :
Si la justice vient à connaître du fait,
Elle est un peu brutale, et saisit au collet.
Il faut faire un faux seing ; et ma main alarmée
Se refuse au projet dont mon âme est charmée.

ÉRASTE.
Ton trouble est mal fondé : depuis deux ou trois mois

Géronte ne pouvait se servir de ses doigts ;
Ainsi sa signature, ailleurs si nécessaire,
N'est point, comme tu vois, requise en cette affaire ;
Et tu déclareras que tu ne peux signer.

CRISPIN.

A de bonnes raisons je me laisse gagner ;
Et je sens tout à coup renaître en mon courage
L'ardeur dont j'ai besoin pour un si grand ouvrage.

SCÈNE IV. —LISETTE, apportant les hardes de Géronte ;
ÉRASTE, CRISPIN.

LISETTE, jetant le paquet.

Du bonhomme Géronte, en gros comme en détail,
Comme tu l'as requis, voilà tout l'attirail.

CRISPIN, se déshabillant.

Ne perdons point de temps, que l'on m'habille en hâte.
Monsieur, mettez la main, s'il vous plaît, à la pâte.
La robe : dépêchons, passez-la dans mes bras.
Ah ! le mauvais valet ! chaussez chacun un bas.
Çà, le mouchoir de cou. Mets-moi vite ce casque.
Les pantoufles. Fort bien. L'équipage est fantasque.

LISETTE.

Oui, voilà le défunt ; dissipons notre ennui.
Géronte n'est point mort, puisqu'il revit en lui :
Voilà son air, ses traits ; et l'on doit s'y méprendre.

CRISPIN.

Mais, avec son habit, si son mal m'allait prendre ?

ÉRASTE.

Ne crains rien, arme-toi de résolution.

CRISPIN.

Ma foi, déjà je sens un peu d'émotion :
Je ne sais si la peur est un peu laxative,
Ou si cet habit est de vertu purgative.

LISETTE.

Je veux te mettre encor ce vieux manteau fourré,
Dont aux jours de remède il était entouré.

CRISPIN.

Tu peux, quand tu voudras, appeler les notaires ;
Me voilà maintenant en habits mortuaires.

LISETTE.

Je vais dans un moment les amener ici.

CRISPIN.

Secondez-moi bien tous dans cette affaire-ci.

SCÈNE V. — ÉRASTE, CRISPIN.

CRISPIN.

Vous, monsieur, s'il vous plaît, fermez porte et fenêtre;
Un éclat indiscret peut me faire connaître.
Avancez cette table. Approchez ce fauteuil.
Ce jour mal condamné me blesse encore l'œil.
Tirez bien les rideaux, que rien ne nous trahisse.

ÉRASTE.

Fasse un heureux destin réussir l'artifice!
Si j'ose me porter à cette extrémité,
Malgré moi j'obéis à la nécessité.
J'entends du bruit.

CRISPIN, se jetant brusquement dans un fauteuil.

Songeons à la cérémonie;
Et ne me quittez pas, monsieur, à l'agonie.

ÉRASTE.

Un dieu, dont le pouvoir sert d'excuse aux amants,
Saura me disculper de ces emportements.

SCÈNE VI. — LISETTE, M. SCRUPULE, M. GASPARD, ÉRASTE, CRISPIN.

LISETTE, aux notaires.

Entrez, messieurs, entrez.

(A Crispin.)

Voilà les deux notaires
Avec qui vous pouvez mettre ordre à vos affaires.

CRISPIN, aux notaires.

Messieurs, je suis ravi, quoiqu'à l'extrémité,
De vous voir tous les deux en parfaite santé.
Je voudrais bien encore être à l'âge où vous êtes;
Et si je me portais aussi bien que vous faites,
Je ne songerais guère à faire un testament.

M. SCRUPULE.

Cela ne vous doit point chagriner un moment ;
Rien n'est désespéré : cette cérémonie
Jamais d'un testateur n'a raccourci la vie ;
Au contraire, monsieur, la consolation
D'avoir fait de ses biens la distribution
Répand au fond du cœur un repos sympathique,
Certaine quiétude et douce et balsamique,
Qui, se communiquant après dans tous les sens,
Rétablit la santé dans quantité de gens.

CRISPIN.

Que le ciel veuille donc me traiter de la sorte !
Messieurs, asseyez-vous.

(A Lisette.)
Toi, va fermer la porte.

M. GASPARD.

D'ordinaire, monsieur, nous apportons nos soins
Que ces actes secrets se passent sans témoins.
Il serait à propos que monsieur prît la peine
D'aller, avec madame, en la chambre prochaine.

LISETTE.

Moi, je ne puis quitter monsieur un seul moment.

ÉRASTE.

Mon oncle, sur ce point, dira son sentiment.

CRISPIN.

Ces personnes, messieurs, sont sages et discrètes ;
Je puis leur confier mes volontés secrètes,
Et leur montrer l'excès de mon affection.

M. SCRUPULE.

Nous ferons tout au gré de votre intention.
L'intitulé sera tel que l'on doit le faire,
Et l'on le réduira dans le style ordinaire.

(Il dicte à M. Gaspard, qui écrit.)
Par-devant... fut présent... Géronte... et cœtera.

(A Géronte.)
Dites-nous maintenant tout ce qu'il vous plaira.

CRISPIN.

Je veux premièrement qu'on acquitte mes dettes.

ÉRASTE.

Nous n'en trouverons pas, je crois, beaucoup de faites.

CRISPIN.

Je dois quatre cents francs à mon marchand de vin,
Un fripon qui demeure au cabaret voisin.

M. SCRUPULE.

Fort bien. Où voulez-vous, monsieur, qu'on vous enterre?

CRISPIN.

A dire vrai, messieurs, il ne m'importe guère.
Qu'on se garde surtout de me mettre trop près
De quelque procureur chicaneur et mauvais ;
Il ne manquerait pas de me faire querelle ;
Ce serait tous les jours procédure nouvelle,
Et je serais encor contraint de déguerpir.

ÉRASTE.

Tout se fera, monsieur, selon votre désir.
J'aurai soin du convoi, de la pompe funèbre,
Et n'épargnerai rien pour la rendre célèbre.

CRISPIN.

Non, mon neveu, je veux que mon enterrement
Se fasse à peu de frais et fort modestement.
Il fait trop cher mourir, ce serait conscience.
Jamais de mon vivant, je n'aimai la dépense ;
Je puis être enterré fort bien pour un écu.

LISETTE, à part.

Le pauvre malheureux meurt comme il a vécu.

M. GASPARD.

C'est à vous maintenant, s'il vous plaît, de nous dire
Les legs qu'au testament vous voulez faire écrire.

CRISPIN.

C'est à quoi nous allons nous employer dans peu.
Je nomme, j'institue Eraste, mon neveu,
Que j'aime tendrement, pour mon seul légataire,
Unique, universel.

ÉRASTE, affectant de pleurer.

O douleur trop amère !

CRISPIN.

Lui laissant tout mon bien, meubles, propres, acquêts,
Vaisselle, argent comptant, contrats, maisons, billets ;
Déshéritant, en tant que besoin pourrait être,
Parents, nièces, neveux, nés aussi bien qu'à naître,
Et même tous bâtards, à qui Dieu fasse paix,
S'il s'en trouvait aucuns au jour de mon décès.

LISETTE, affectant de la douleur.

Ce discours me fend l'âme. Hélas ! mon pauvre maître,
Il faudra donc vous voir pour jamais disparaître !

ÉRASTE, de même.

Les biens que vous m'offrez n'ont pour moi nuls appas,
S'il faut les acheter avec votre trépas.

CRISPIN.

Item. Je donne et lègue à Lisette présente...

LISETTE, de même.

Ah !

CRISPIN.

Qui depuis cinq ans me tient lieu de servante,
Pour épouser Crispin en légitime nœud,
Non autrement...

LISETTE, tombant comme évanouie.

Ah ! ah !

CRISPIN.

Soutiens-la, mon neveu.

Et, pour récompenser l'affection, le zèle
Que de tout temps, pour moi, je reconnus en elle...

LISETTE, affectant de pleurer.

Le bon maître, grands dieux ! que je vais perdre là !

CRISPIN.

Deux mille écus comptant en espèce.

LISETTE, de même.

Ah ! ah ! ah !

ÉRASTE, à part.

Deux mille écus ! Je crois que le pendard se moque.

LISETTE, de même.

Je n'y puis résister, la douleur me suffoque.
Je crois que j'en mourrai.

CRISPIN.
                    Lesquels deux mille écus,
Du plus clair de mon bien seront pris et perçus.

LISETTE, à Crispin.
Le ciel vous fasse paix d'avoir de moi mémoire,
Et vous paye au centuple une œuvre méritoire!

(A part.)
Il avait bien promis de ne pas m'oublier.

ÉRASTE, bas.
Le fripon m'a joué d'un tour de son métier.

(Haut à Crispin.)
Je crois que voilà tout ce que vous voulez dire.

CRISPIN.
J'ai trois ou quatre mots encore à faire écrire.
Item. Je laisse et lègue à Crispin...

ÉRASTE, bas.
                                    A Crispin!
Je crois qu'il perd l'esprit. Quel est donc son dessein?

CRISPIN.
Pour les bons et loyaux services...

ÉRASTE, bas.
                                    Ah! le traître!

CRISPIN.
Qu'il a toujours rendus et doit rendre à son maître...

ÉRASTE.
Vous ne connaissez pas, mon oncle, ce Crispin :
C'est un mauvais valet, ivrogne, libertin,
Méritant peu le bien que vous voulez lui faire.

CRISPIN.
Je suis persuadé, mon neveu, du contraire;
Je connais ce Crispin mille fois mieux que vous.
Je lui veux donc léguer, en dépit des jaloux...

ÉRASTE, à part.
Le chien!

CRISPIN.
            Quinze cents francs de rentes viagères,
Pour avoir souvenir de moi dans ses prières.

ÉRASTE, à part.
Ah! quelle trahison!

CRISPIN.
Trouvez-vous, mon neveu,
Le présent malhonnête, et que ce soit trop peu?

ÉRASTE.
Comment! quinze cents francs!

CRISPIN.
Oui; sans laquelle clause
Le présent testament sera nul, et pour cause.

ÉRASTE.
Pour un valet, mon oncle, a-t-on fait un tel legs?
Vous n'y pensez donc pas?

CRISPIN.
Je sais ce que je fais.
Et je n'ai point l'esprit si faible et si débile.

ÉRASTE.
Mais...

CRISPIN.
Si vous me fâchez, j'en laisserai deux mille.

ÉRASTE.
Si...

LISETTE, bas à Éraste.
Ne l'obstinez point, je connais son esprit :
Il le ferait, monsieur, tout comme il vous le dit.

ÉRASTE, bas à Lisette.
Soit, je ne dirai mot; cependant, de ma vie,
Je n'aurai de parler une si juste envie.

CRISPIN.
N'aurais-je point encor quelqu'un de mes amis
A qui je pourrais faire un fidéicommis?

ÉRASTE, bas.
Le scélérat encor rit de ma retenue;
Il ne me laissera plus rien, s'il continue.

M. SCRUPULE, à Crispin.
Est-ce fait?

CRISPIN.
Oui, monsieur.

ÉRASTE, à part.
Le ciel en soit béni!

M. GASPARD.

Voilà le testament heureusement fini.

(A Crispin.)

Vous plaît-il de signer ?

CRISPIN.

J'en aurais grande envie ;
Mais j'en suis empêché par la paralysie
Qui depuis quelques mois me tient sur le bras droit.

M. GASPARD, écrivant.

Et ledit testateur déclare, en cet endroit,
Que de signer son nom il est dans l'impuissance,
De ce l'interpellant au gré de l'ordonnance.

CRISPIN.

Qu'un testament à faire est un pesant fardeau !
M'en voilà délivré ; mais je suis tout en eau.

M. SCRUPULE, à Crispin.

Vous n'avez plus besoin de notre ministère ?

CRISPIN, à M. Scrupule.

Laissez-moi, s'il vous plaît, l'acte qu'on vient de faire.

M. SCRUPULE.

Nous ne pouvons, monsieur ; cet acte est un dépôt
Qui reste dans nos mains ; je reviendrai tantôt,
Pour vous en apporter moi-même une copie.

ÉRASTE.

Vous nous ferez plaisir ; mon oncle vous en prie,
Et veut récompenser votre peine et vos soins.

M. GASPARD.

C'est maintenant, monsieur, ce qui presse le moins.

CRISPIN.

Lisette, conduis-les.

SCÈNE VII. — ÉRASTE, CRISPIN.

CRISPIN, remettant en place la table et les chaises.

Ai-je tenu parole ?
Et, dans l'occasion, sais-je jouer mon rôle,
Et faire un testament ?

ÉRASTE.
                    Trop bien pour ton profit.
Dis-moi donc, malheureux! as-tu perdu l'esprit,
De faire un testament qui m'est si dommageable?
De laisser à Lisette une somme semblable?

CRISPIN.
Ma foi, ce n'est pas trop.

ÉRASTE.
                    Deux mille écus comptant!

CRISPIN.
Il faut, en pareil cas, que chacun soit content.
Pouvais-je moins laisser à cette pauvre fille?

ÉRASTE.
Comment donc, traître!

CRISPIN.
                    Elle est un peu de la famille;
Votre oncle, si l'on croit le lardon scandaleux,
N'a pas été toujours impotent et goutteux;
Et j'ai dû lui laisser un peu de subsistance,
Pour l'acquit de son âme et de ma conscience.

ÉRASTE.
Et de ta conscience! Et ces quinze cents francs
De pension à toi payables tous les ans,
Que tu t'es fait léguer avec tant de prudence,
Est-ce encor pour l'acquit de cette conscience?

CRISPIN.
Il ne faut point, monsieur, s'est omaquer si fort:
On peut en un moment nous mettre tous d'accord.
Puisque le testament que nous venons de faire,
Où je vous institue unique légataire,
Ne peut avoir l'honneur d'obtenir votre aveu,
Il faut le déchirer et le jeter au feu.

ÉRASTE.
M'en préserve le ciel!

CRISPIN.
                    Sans former d'entreprise,
Laissons la chose au point où votre oncle l'a mise.

LE LÉGATAIRE UNIVERSEL. — 5.

ÉRASTE.

Ce serait cent fois pis; j'en mourrais de douleur.

CRISPIN.

Il s'élève, aussi bien, dans le fond de mon cœur,
Certain remords cuisant, certaine syndérèse,
Qui furieusement sur l'estomac me pèse.

ÉRASTE.

Rentrons, Crispin; je tremble, et suis persuadé
Que nous allons trouver mon oncle décédé;
Ou que, dans ce moment, pour le moins il expire.

CRISPIN.

Hélas! il était temps, ma foi, de faire écrire.

ÉRASTE.

Le laurier dont tu viens de couronner ton front
Ne peut avoir un prix ni trop grand, ni trop prompt.

CRISPIN.

Il faut donc, s'il vous plaît, m'avancer une année
De cette pension que je me suis donnée :
Vous ne sauriez me faire un plus charmant plaisir.

ÉRASTE.

C'est ce que nous verrons avec plus de loisir.

SCÈNE VIII. — LISETTE, ÉRASTE, CRISPIN.

LISETTE, se jetant dans un fauteuil.

Miséricorde! ah ciel! je me meurs : je suis morte.

ÉRASTE, à Lisette.

Qu'as-tu donc, mon enfant, à crier de la sorte?

LISETTE.

J'étouffe. Ouf, ouf, la peur m'empêche de parler.

CRISPIN, à Lisette.

Quel vertige soudain a donc pu te troubler?
Parle donc, si tu veux.

LISETTE.

Géronte...

CRISPIN.

Eh bien! Géronte...

LISETTE, se levant brusquement.

Ah! prenez garde à moi.

CRISPIN.
Veux-tu finir ton conte ?

LISETTE.

Un grand fantôme noir...

ÉRASTE.
Comment donc ? que dis-tu ?

LISETTE.

Hélas ! mon cher monsieur, je dis ce que j'ai vu.
Après avoir conduit ces messieurs dans la rue,
Où la mort du bonhomme est déjà répandue,
Où même le crieur a voulu, malgré moi,
Faire entrer, avec lui, l'attirail d'un convoi ;
De la chambre, où gisait votre oncle sans escorte,
Il m'a semblé d'abord entendre ouvrir la porte ;
Et, montant l'escalier, j'ai trouvé, nez pour nez,
Comme un grand revenant, Géronte sur ses pieds.

CRISPIN.

De la crainte d'un mort ton âme possédée
T'abuse et te fait voir un fantôme en idée.

LISETTE.

C'est lui, vous dis-je ; il parle... Ah !

(Elle se retourne, voit Crispin qu'elle prend pour Géronte,
se lève, et se sauve dans un coin, en poussant un
cri d'effroi.)

CRISPIN.
Pourquoi ce grand cri ?

LISETTE.

Excuse, mon enfant ; je te prenais pour lui.
Enfin, criant, courant, sans détourner la vue,
Essoufflée et tremblante, ici je suis venue
Vous dire que le mal de votre oncle en ces lieux
N'est qu'une léthargie, et qu'il n'en est que mieux.

ÉRASTE.

Avec quelle constance, au branle de sa roue,
La Fortune ennemie et me berce et me joue !

LISETTE.

O trop flatteur espoir ! projets si bien conçus,
Et mieux exécutés, qu'êtes-vous devenus ?

CRISPIN.

Voilà donc le défunt que le sort nous renvoie!
Et l'avare Achéron lâche encore sa proie!
Vous le voulez, grands dieux! ma constance est à bout.
Je ne sais où j'en suis, et j'abandonne tout.

ÉRASTE.

Toi que j'ai vu tantôt si grand, si magnanime,
Un seul revers te rend faible et pusillanime!
Reprends des sentiments qui soient dignes de toi :
Offrons-nous aux dangers; viens signaler ta foi :
Quelque coup de hasard nous tirera d'affaire.

CRISPIN.

Allons-nous abuser encor quelque notaire?

ÉRASTE.

Je vais, sans perdre temps, remettre ces billets
Dans les mains d'Isabelle : ils feront leurs effets;
Et nous en tirerons peut-être un avantage,
Qui pourrait bien servir à notre mariage.
Vous, rentrez chez mon oncle, et prenez bien le soin
D'appeler le secours dont il aura besoin.
Pour retourner plus tôt, je pars en diligence,
Et viens vous rassurer ici par ma présence.

SCÈNE IX. — CRISPIN, LISETTE.

CRISPIN.

Ne me voilà pas mal avec mon testament!
Je vois ma pension payée en un moment.

LISETTE.

Et mes deux mille écus pour prix de mon service?

CRISPIN.

Juste ciel! sauve-moi des mains de la justice!
Tout ceci ne vaut rien, et m'inquiète fort :
Je crains bien d'avoir fait mon testament de mort.

ACTE CINQUIÈME

SCÈNE I

MADAME ARGANTE, ISABELLE, ÉRASTE.

MADAME ARGANTE, à Eraste.

Quel est votre dessein, et que voulez-vous faire?
Puis-je de ces billets être dépositaire?
On me soupçonnerait d'avoir prêté les mains
A faire réussir en secret vos desseins.
Maintenant que votre oncle a pu, malgré son âge,
Reprendre de ses sens heureusement l'usage,
Le parti le meilleur, sans user de délais,
Est de lui reporter vous-même ses billets.

ÉRASTE.

Ce n'est pas d'aujourd'hui que je connais, madame,
Les nobles sentiments qui règnent dans votre âme :
Nous ne prétendons point, vous ni moi, retenir
Un bien qui ne nous peut encore appartenir.
Mais gardez ces billets quelques moments, de grâce;
Le ciel m'inspirera ce qu'il faut que je fasse.
Je le prends à témoin si, dans ce que j'ai fait,
L'amour n'a pas été mon principal objet.
Hélas! pour mériter la charmante Isabelle,
J'ai peut-être un peu trop fait éclater mon zèle;
Mais on pardonnera ces transports amoureux :
     (A Isabelle.)
Mon excuse, madame, est écrite en vos yeux.

ISABELLE, à Eraste.

Puisque pour notre hymen j'ai l'aveu de ma mère,
Je puis faire paraître un sentiment sincère.
Les biens dont vous pouvez hériter chaque jour
N'ont point du tout pour vous déterminé l'amour :
Votre personne seule est le bien qui me flatte;
Et tous les vains brillants dont la fortune éclate
Ne sauraient éblouir un cœur comme le mien.

ÉRASTE.

Si je l'obtiens ce cœur, non, je ne veux plus rien.

MADAME ARGANTE.

Tous ces beaux sentiments sont fort bons dans un livre.
L'amour seul, tel qu'il soit, ne donne point à vivre :
Et je vous apprends, moi, que l'on ne s'aime bien,
Quand on est marié, qu'autant qu'on a du bien.

ÉRASTE.

Mon oncle maintenant, par sa convalescence,
Fait revivre en mon cœur la joie et l'espérance ;
Et je vais l'exciter à faire un testament.

MADAME ARGANTE.

Mais ne craignez-vous rien de son ressentiment?
Ces billets détournés ne peuvent-ils point faire
Qu'il prenne à vos désirs un sentiment contraire?

ÉRASTE.

Et voilà la raison qui me fait hasarder
A vouloir quelque temps encore les garder.
Pour revoir ce dépôt rentrer en sa puissance,
Il accordera tout, sans trop de résistance.
Il faut, mademoiselle, en ce péril offert,
Etre un peu, dans ce jour, avec nous de concert.
Voilà tous bons billets qu'il faut, s'il vous plaît, prendre.

ISABELLE.

Moi!

ÉRASTE.

N'en rougissez point : ce n'est que pour les rendre.

ISABELLE.

Mais je ne sais, monsieur, en cette occasion,
Si je dois accepter cette commission :
De ces billets surpris on me croira complice ;
En restitution je suis encor novice.

ÉRASTE.

Mais j'entends quelque bruit.

SCÈNE II. — CRISPIN, MADAME ARGANTE,
ISABELLE, ERASTE.

ÉRASTE.

C'est Crispin que je voi.

(A Crispin.)

A qui donc en as-tu ? Te voilà hors de toi.

CRISPIN.

Allons, monsieur, allons ; en homme de courage,
Il faut ici, ma foi, soutenir l'abordage.
Monsieur Géronte approche.

ÉRASTE.

O ciel !

(A madame Argante et à Isabelle.)

En ce moment,

Souffrez que je vous mène à mon appartement.
J'ai de la peine encore à m'offrir à sa vue :
Laissons évaporer un peu sa bile émue ;
Et, quand il sera temps, tous unanimement
Nous viendrons travailler ensemble au dénoûment.

(A Crispin.)

Pour toi, reste ici ; vois l'humeur dont il peut être ;
Et tu m'informeras s'il est temps de paraître.

SCÈNE III. — CRISPIN, seul.

Nous voilà, grâce au ciel, dans un grand embarras.
Dieu veuille nous tirer d'un aussi mauvais pas !

SCÈNE IV. — GÉRONTE, CRISPIN, LISETTE.

GÉRONTE, appuyé sur Lisette.

Je ne puis revenir encor de ma faiblesse :
Je ne sais où je suis : l'éclat du jour me blesse ;
Et mon faible cerveau, de ce choc ébranlé,
Par de sombres vapeurs est encore tout troublé.
Ai-je été bien longtemps dans cette léthargie ?

LISETTE.

Pas tant que nous croyions. Mais votre maladie
Nous a tous mis ici dans un dérangement,
Une agitation, un soin, un mouvement
Qu'il n'est pas bien aisé, dans le fond, de décrire.
Demandez à Crispin, il pourra vous le dire.

CRISPIN.

Si vous saviez, monsieur, ce que nous avons fait,
Lorsque de votre mal vous ressentiez l'effet,

La peine que j'ai prise, et les soins nécessaires
Pour pouvoir, comme vous, mettre ordre à vos affaires,
Vous seriez étonné; mais d'un étonnement
A n'en pas revenir sitôt assurément.

GÉRONTE.

Où donc est mon neveu? Son absence m'ennuie.

CRISPIN.

Ah! le pauvre garçon, je crois, n'est plus en vie.

GÉRONTE.

Que dis-tu là? Comment?

CRISPIN.

Il s'est saisi si fort,
Quand il a vu vos yeux tourner droit à la mort,
Que, n'écoutant plus rien que sa douleur amère,
Il s'est allé jeter...

GÉRONTE.

Où donc? dans la rivière?

CRISPIN.

Non, monsieur; sur son lit, où, baigné de ses pleurs,
L'infortuné garçon gémit de ses malheurs.

GÉRONTE.

Va donc lui redonner et le calme et la joie;
Et dis-lui, de ma part, que le ciel lui renvoie
Un oncle toujours plein de tendresse pour lui,
Qui connaît son bon cœur, et qui veut aujourd'hui
Lui montrer des effets de sa reconnaissance.

CRISPIN.

S'il n'est pas encor mort, en toute diligence
Je vous l'amène ici.

SCÈNE V. — GÉRONTE, LISETTE.

GÉRONTE.

Mais, à ce que je vois,
J'ai donc, Lisette, été plus mal que je ne crois?

LISETTE.

Nous vous avons cru mort pendant une heure entière.

GÉRONTE.

Il faut donc expliquer ma volonté dernière,
Et, sans perdre de temps, faire mon testament.
Les notaires sont-ils venus?

LISETTE.

Assurément.

GÉRONTE.

Qu'on aille de nouveau les chercher, et leur dire
Que dans le même instant je veux les faire écrire.

LISETTE.

Ils reviendront dans peu.

SCÈNE VI

ÉRASTE, GÉRONTE, CRISPIN, LISETTE.

CRISPIN, à Eraste.

Le ciel vous l'a rendu.

ÉRASTE.

Hélas! à ce bonheur me serais-je attendu?
Je revois mon cher oncle; et le ciel, par sa grâce,
Sensible à mes douleurs, permet que je l'embrasse!
Après l'avoir cru mort, il paraît à mes yeux!

GÉRONTE.

Hélas! mon cher neveu, je n'en suis guère mieux:
Mais je rends grâce au ciel de prolonger ma vie,
Pour pouvoir maintenant exécuter l'envie
De te donner mon bien par un bon testament.

LISETTE.

Ce garçon-là, monsieur, vous aime tendrement.
Si vous aviez pu voir les syncopes, les crises,
Dont, par la sympathie, il sentait les reprises.
Il vous aurait percé le cœur de part en part.

CRISPIN.

Nous en avons, tous trois, eu notre bonne part.

LISETTE.

Enfin le ciel a pris pitié de nos misères.

SCÈNE VII

M. SCRUPULE, GÉRONTE, ÉRASTE, LISETTE, CRISPIN.

LISETTE.

Mais j'aperçois quelqu'un.

(Bas à Crispin.)

C'est un des deux notaires.

GÉRONTE.

Bonjour, monsieur Scrupule.

CRISPIN, à part.

Ah! me voilà perdu!

GÉRONTE.

Ici depuis longtemps vous êtes attendu.

M. SCRUPULE.

Certes, je suis ravi, monsieur, qu'en moins d'une heure,
Vous jouissiez déjà d'une santé meilleure.
Je savais bien qu'ayant fait votre testament,
Vous sentiriez bientôt quelque soulagement.
Le corps se porte mieux lorsque l'esprit se trouve
Dans un parfait repos.

GÉRONTE.

Tous les jours je l'éprouve.

M. SCRUPULE.

Voici donc le papier que, selon vos desseins,
Je vous avais promis de remettre en vos mains.

GÉRONTE.

Quel papier, s'il vous plaît? pourquoi? pour quelle affaire?

M. SCRUPULE.

C'est votre testament que vous venez de faire.

GÉRONTE.

J'ai fait mon testament?

M. SCRUPULE.

Oui, sans doute, monsieur.

LISETTE, bas.

Crispin, le cœur me bat.

CRISPIN, bas.

Je frissonne de peur.

GÉRONTE.

Eh! parbleu, vous rêvez, monsieur; c'est pour le faire
Que j'ai besoin ici de votre ministère.

M. SCRUPULE.

Je ne rêve, monsieur, en aucune façon;
Vous nous l'avez dicté plein de sens et raison.
Le repentir sitôt saisirait-il votre âme?
Monsieur était présent, aussi bien que madame:
Ils peuvent là-dessus dire ce qu'ils ont vu.

ÉRASTE, bas.

Que dire?

LISETTE, bas.

Juste ciel!

CRISPIN, bas.

Me voilà confondu!

GÉRONTE.

Éraste était présent?

M. SCRUPULE.

Oui, monsieur, je vous jure.

GÉRONTE.

Est-il vrai, mon neveu? Parle, je t'en conjure.

ÉRASTE.

Ah! ne me parlez point, monsieur, de testament.
C'est m'arracher le cœur trop tyranniquement.

GÉRONTE.

Lisette, parle donc.

LISETTE.

Crispin, parle en ma place,
Je sens, dans mon gosier, que ma voix s'embarrasse.

CRISPIN, à Géronte.

Je pourrais là-dessus vous rendre satisfait;
Nul ne sait mieux que moi la vérité du fait.

GÉRONTE.

J'ai fait mon testament?

CRISPIN.

On ne peut pas vous dire
Qu'on vous l'ait vu tantôt absolument écrire;
Mais je suis très-certain qu'aux lieux où vous voilà,
Un homme, à peu près mis comme vous êtes là,

Assis dans un fauteuil auprès de deux notaires,
A dicté mot à mot ses volontés dernières.
Je n'assurerai pas que ce fût vous. Pourquoi ?
C'est qu'on peut se tromper. Mais c'était vous, ou moi.

M. SCRUPULE, à Géronte.

Rien n'est plus véritable, et vous pouvez m'en croire.

GÉRONTE.

Il faut donc que mon mal m'ait ôté la mémoire ;
Et c'est ma léthargie.

CRISPIN.

Oui, c'est elle en effet.

LISETTE.

N'en doutez nullement ; et pour prouver le fait,
Ne vous souvient-il pas que, pour certaine affaire,
Vous m'avez dit tantôt d'aller chez le notaire ?

GÉRONTE.

Oui.

LISETTE.

Qu'il est arrivé dans votre cabinet ;
Qu'il a pris aussitôt sa plume et son cornet,
Et que vous lui dictiez à votre fantaisie ?

GÉRONTE.

Je ne m'en souviens point.

LISETTE.

C'est votre léthargie.

CRISPIN.

Ne vous souvient-il pas, monsieur, bien nettement,
Qu'il est venu tantôt certain neveu normand,
Et certaine baronne, avec un grand tumulte
Et des airs insolents, chez vous vous faire insulte ?

GÉRONTE.

Oui.

CRISPIN.

Que, pour vous venger de leur emportement,
Vous m'avez promis place en votre testament,
Ou quelque bonne rente au moins pendant ma vie ?

GÉRONTE.

Je ne m'en souviens point.

CRISPIN.
C'est votre léthargie.
GÉRONTE.
Je crois qu'ils ont raison, et mon mal est réel.
LISETTE.
Ne vous souvient-il pas que monsieur Clistorel...
ÉRASTE.
Pourquoi tant répéter cet interrogatoire?
Monsieur convient de tout, du tort de sa mémoire,
Du notaire mandé, du testament écrit.
GÉRONTE.
Il faut bien qu'il soit vrai, puisque chacun le dit.
Mais voyons donc enfin ce que j'ai fait écrire.
CRISPIN, à part.
Ah! voilà bien le diable.
M. SCRUPULE.
Il faut donc vous le lire.
« Fut présent devant nous, dont les noms sont au bas
« Maître Matthieu Géronte, en son fauteuil à bras,
« Étant en son bon sens comme on a pu connaître
« Par le geste et maintien qu'il nous a fait paraître ;
« Quoique de corps malade, ayant sain jugement ;
« Lequel, après avoir réfléchi mûrement
« Que tout est ici-bas fragile et transitoire... »
CRISPIN.
Ah! quel cœur de rocher, et quelle âme assez noire
Ne se fendrait en quatre, en entendant ces mots?
LISETTE.
Hélas ! je ne saurais arrêter mes sanglots.
GÉRONTE.
En les voyant pleurer, mon âme est attendrie.
Là, là, consolez-vous ; je suis encore en vie.
M. SCRUPULE, continuant de lire.
« Considérant que rien ne reste en même état,
« Ne voulant pas aussi décéder intestat. »
CRISPIN.
Intestat !...

LISETTE
Intestat !... Ce mot me perce l'âme.

M. SCRUPULE.

Faites trêve un moment à vos soupirs, madame.
« Considérant que rien ne reste en même état,
« Ne voulant pas aussi décéder intestat... »

CRISPIN.

Intestat !...

LISETTE.

Intestat !...

M. SCRUPULE.

Mais laissez-moi donc lire ;
Si vous pleurez toujours, je ne pourrai rien dire.
« A fait, dicté, nommé, rédigé par écrit
« Son susdit testament, en la forme qui suit. »

GÉRONTE.

De tout ce préambule et de cette légende,
S'il m'en souvient d'un mot, je veux bien qu'on me pende.

LISETTE.

C'est votre léthargie.

CRISPIN.

Ah ! je vous en répond.
Ce que c'est que de nous ! Moi, cela me confond.

M. SCRUPULE, lisant.

« Je veux, premièrement, qu'on acquitte mes dettes. »

GÉRONTE.

Je ne dois rien.

M. SCRUPULE.

Voici l'aveu que vous en faites :
« Je dois quatre cents francs à mon marchand de vin,
« Un fripon qui demeure au cabaret voisin. »

GÉRONTE.

Je dois quatre cents francs ! C'est une fourberie.

CRISPIN, à Géronte.

Excusez-moi, monsieur, c'est votre léthargie.
Je ne sais pas au vrai si vous les lui devez ;
Mais il me les a, lui, mille fois demandés.

GÉRONTE.

C'est un maraud, qu'il faut envoyer en galère.

CRISPIN.

Quand ils y seraient tous, on ne les plaindrait guère.

M. SCRUPULE, lisant.

« Je fais mon légataire unique, universel,
« Eraste mon neveu. »

ÉRASTE.

Se peut-il ?... Juste ciel !

M. SCRUPULE, lisant.

« Déshéritant, en tant que besoin pourrait être,
« Parents, nièces, neveux, nés aussi bien qu'à naître,
« Et même tous bâtards, à qui Dieu fasse paix,
« S'il s'en trouvait aucuns au jour de mon décès. »

GÉRONTE.

Comment ! moi des bâtards ?

CRISPIN, à Géronte.

C'est style de notaire.

GÉRONTE.

Oui, je voulais nommer Eraste légataire.
A cet article-là, je vois présentement
Que j'ai bien pu dicter le présent testament.

M. SCRUPULE, lisant.

« *Item*. Je donne et lègue, en espèce sonnante,
« A Lisette... »

LISETTE.

Ah ! grands dieux !

M. SCRUPULE, lisant.

« Qui me sert de servante,
« Pour épouser Crispin en légitime nœud,
« Deux mille écus. »

CRISPIN, à Géronte.

Monsieur... en vérité... pour peu...
Non...jamais...car enfin...ma bouche...quand j'y pense...
Je me sens suffoquer par la reconnaissance.
(A Lisette.)
Parle donc.

LISETTE, embrassant Géronte.

Ah ! monsieur...

GÉRONTE.

Qu'est-ce à dire cela ?
Je ne suis point l'auteur de ces sottises-là.
Deux mille écus comptant !

LISETTE.

Quoi ! déjà, je vous prie,
Vous repentiriez-vous d'avoir fait œuvre pie ?
Une fille nubile, exposée au malheur,
Qui veut faire une fin en tout bien, tout honneur,
Lui refuseriez-vous cette petite grâce ?

GÉRONTE.

Comment ! six mille francs ! quinze ou vingt écus, passe.

LISETTE.

Les maris aujourd'hui, monsieur, sont si courus !
Et que peut-on, hélas ! avoir pour vingt écus ?

GÉRONTE.

On a ce que l'on peut, entendez-vous, m'amie ?
Il en est à tout prix.

(Au notaire.)

Achevez, je vous prie.

M. SCRUPULE.

« Item. Je donne et lègue... »

CRISPIN, à part.

Ah ! c'est mon tour enfin.
Et l'on va me jeter...

M. SCRUPULE.

« A Crispin... »

(Crispin se fait petit.)

GÉRONTE, regardant Crispin.

A Crispin !

M. SCRUPULE, lisant.

« Pour tous les obligeants, bons et loyaux services
« Qu'il rend à mon neveu dans divers exercices,
« Et qu'il peut bien encor lui rendre à l'avenir... »

GÉRONTE.

Où donc ce beau discours doit-il enfin venir ?
Voyons.

M. SCRUPULE, lisant.

« Quinze cents francs de rentes viagères,
« Pour avoir souvenir de moi dans ses prières. »

CRISPIN, se prosternant aux pieds de Géronte.

Oui, je vous le promets, monsieur, à deux genoux.
Jusqu'au dernier soupir je prierai Dieu pour vous.

Voilà ce qui s'appelle un vraiment honnête homme!
Si généreusement me laisser cette somme!

GÉRONTE.

Non ferai-je, parbleu! Que veut dire ceci?
(Au notaire.)
Monsieur, de tous ces legs je veux être éclairci.

M. SCRUPULE.

Quel éclaircissement voulez-vous qu'on vous donne?
Et je n'écris jamais que ce que l'on m'ordonne.

GÉRONTE.

Quoi! moi, j'aurais légué, sans aucune raison,
Quinze cents francs de rente à ce maître fripon,
Qu'Eraste aurait chassé s'il m'avait voulu croire?

CRESPIN, toujours à genoux.

Ne vous repentez pas d'une œuvre méritoire.
Voulez-vous, démentant un généreux effort,
Etre avaricieux même après votre mort?

GÉRONTE.

Ne m'a-t-on point volé mes billets dans mes poches?
Je tremble du malheur dont je sens les approches;
Je n'ose me fouiller.

ÉRASTE, à part.

Quel funeste embarras!

(Haut à Géronte.)
Vous les cherchez en vain, vous ne les avez pas.

GÉRONTE, à Éraste.

Où sont-ils donc? Réponds.

ÉRASTE.

Tantôt, pour Isabelle,
Je les ai, par votre ordre exprès, portés chez elle.

GÉRONTE.

Par mon ordre!

ÉRASTE.

Oui, monsieur.

GÉRONTE.

Je ne m'en souviens point

CRISPIN.

C'est votre léthargie.

GÉRONTE.

Oh ! je veux, sur ce point,
Qu'on me fasse raison. Quelles friponneries !
Je suis las, à la fin, de tant de léthargies.
(A Éraste.)
Cours chez elle ; dis-lui que, quand j'ai fait ce don,
J'avais perdu l'esprit, le sens, et la raison.

SCÈNE VIII

MADAME ARGANTE, ISABELLE, GÉRONTE, ÉRASTE,
LISETTE, CRISPIN, LE NOTAIRE.

ISABELLE, à Géronte.

Ne vous alarmez point, je viens pour vous les rendre.

GÉRONTE.

O ciel !

ÉRASTE.

Mais sous des lois que nous osons prétendre.

GÉRONTE.

Et quelles sont ces lois ?

ÉRASTE.

Je vous prie humblement
De vouloir approuver le présent testament.

GÉRONTE.

Mais tu n'y penses pas. Veux-tu donc que je laisse
A cette chambrière un legs de cette espèce ?

LISETTE.

Songez à l'intérêt que le ciel vous en rend :
Et plus le legs est gros, plus le mérite est grand.

GÉRONTE, à Crispin.

Et ce maraud aurait cette somme en partage !

CRISPIN.

Je vous promets, monsieur, d'en faire un bon usage :
De plus, ce legs ne peut en rien vous faire tort.

GÉRONTE.

Il est vrai qu'il n'en doit jouir qu'après ma mort.

ÉRASTE.

Ce n'est pas encor tout : regardez cette belle;
Vous savez ce qu'un cœur peut ressentir pour elle;
Vous avez éprouvé le pouvoir de ses coups :
Charmé de ses attraits, j'embrasse vos genoux;
Et je vous la demande en qualité de femme.

GÉRONTE.

Ah! monsieur mon neveu...

ÉRASTE.

Je n'ai fait voir ma flamme
Que, lorsqu'en écoutant un sentiment plus sain,
Votre cœur moins épris a changé de dessein.

MADAME ARGANTE.

Je crois que vous et moi nous ne saurions mieux faire.

GÉRONTE.

Nous verrons : mais, avant de conclure l'affaire,
Je veux voir mes billets en entier.

ISABELLE.

Les voilà
Tels que je les reçus, je les rends.

(Elle présente le portefeuille à Géronte.)

LISETTE, prenant le portefeuille plustôt que Géronte.

Halte-là!
Convenons de nos faits avant que de rien rendre.

GÉRONTE.

Si tu ne me les rends, je vous ferai tous pendre.

ÉRASTE, se jetant à genoux.

Monsieur, vous me voyez embrasser vos genoux :
Voulez-vous aujourd'hui nous désespérer tous?

LISETTE, à genoux.

Eh! monsieur.

CRISPIN, à genoux.

Eh! monsieur.

GÉRONTE.

La tendresse m'accueille.
Dites-moi, n'a-t-on rien distrait du portefeuille?

ISABELLE.

Non, monsieur, je vous jure; il est en son entier,
Et vous retrouverez jusqu'au moindre papier.

GÉRONTE.

Eh! bien! s'il est ainsi, par-devant le notaire,
Pour avoir mes billets, je consens à tout faire;
Je ratifie en tout le présent testament,
Et donne à votre hymen un plein consentement.
Mes billets?

LISETTE.

Les voilà.

ÉRASTE, à Géronte.

Quelle action de grâce!...

GÉRONTE.

De vos remercîments volontiers je me passe.
Mariez-vous tous deux, c'est bien fait; j'y consens:
Mais, surtout, au plus tôt procréez des enfants
Qui puissent hériter de vous en droite ligne:
De tous collatéraux l'engeance est trop maligne.
Détestez à jamais tous neveux bas-normands,
Et nièces que le diable amène ici du Mans;
Fléaux plus dangereux, animaux plus funestes
Que ne furent jamais les guerres ni les pestes.

SCÈNE IX. — CRISPIN, LISETTE.

CRISPIN.

Laissons-le dans l'erreur, nous sommes héritiers.
Lisette, sur mon front viens ceindre des lauriers:
Mais n'y mets rien de plus pendant le mariage.

LISETTE.

J'ai du bien maintenant assez pour être sage.

CRISPIN, au parterre.

Messieurs, j'ai, grâce au ciel, mis ma barque à bon port,
En faveur des vivants je fais revivre un mort;
Je nomme, à mes désirs, un ample légataire;
J'acquiers quinze cents francs de rente viagère,
Et femme au par-dessus: mais ce n'est pas assez;
Je renonce à mon legs, si vous n'applaudissez.

LA
CRITIQUE DU LÉGATAIRE

PERSONNAGES

LE COMÉDIEN.	CLISTOREL, apothicaire.
LE CHEVALIER	CLISTOREL, comédien.
LE MARQUIS.	M. BONIFACL, auteur.
LA COMTESSE.	M. BREDOUILLE, financier.

SCÈNE I

LE COMÉDIEN, faisant l'annonce. — Messieurs, nous aurons l'honneur de vous donner demain la tragédie de... et, le jour suivant, vous aurez encore une représentation du Légataire.

SCÈNE II

LE CHEVALIER, LE COMÉDIEN

LE CHEVALIER. — Holà, ho, monsieur l'annonceur! un petit mot, s'il vous plaît.

LE COMÉDIEN. — Que souhaitez-vous, monsieur?

LE CHEVALIER. — Hé! ventrebleu! n'êtes-vous point las de nous donner toujours le même pièce? Est-ce qu'il n'y a pas assez longtemps que vous nous fatiguez de votre Légataire?

LE COMÉDIEN. — Monsieur, nous ne nous lassons jamais des pièces, tant qu'elles nous donnent de l'argent.

LE CHEVALIER. — Je suis las de voir ce Poisson avec son bredouillement et son *item*. Ma foi, c'est un mauvais plaisant; tu vaux mieux que lui.

LE COMÉDIEN. — C'est le public qui détermine le sort des ouvrages d'esprit, et le nôtre; et, lorsque nous le voyons venir en foule à quelque comédie nouvelle, nous jugeons que la pièce est bonne, et nous n'en voulons point d'autre garant.

LE CHEVALIER. — Ah! palsambleu, voilà un beau garant que le public! Le public! le public! c'est bien à lui à qui je m'en rapporte.

LE COMÉDIEN. — A qui donc, monsieur, voulez-vous vous en rapporter?

LE CHEVALIER. — A qui?

LE COMÉDIEN. — Oui, monsieur.

LE CHEVALIER. — A moi, morbleu, à moi : il y a plus de sens, de raison et d'esprit dans cette tête-là qu'il n'y en a sur votre théâtre, dans vos loges, et dans votre parterre, quand ces trois ordres seraient réunis ensemble.

LE COMÉDIEN. — Je ne doute point, monsieur, de votre capacité; mais j'ai toujours ouï dire que le goût général devait l'emporter sur le goût particulier.

LE CHEVALIER. — Cette maxime est bonne pour les sots, mais non pas pour moi. Je ne me laisse jamais entraîner au torrent : je fais tête au parterre; et quand il approuve quelque endroit, c'est justement celui que je condamne.

LE COMÉDIEN. — Je vous dirai, monsieur, que nous autres comédiens nous sommes d'un sentiment bien contraire : c'est de ce tribunal-là que nous attendons nos arrêts; et, quand il a prononcé, nous n'appelons point de ses décisions.

LE CHEVALIER. — Et moi, morbleu, j'en appelle comme d'abus; j'en appelle au bon sens; j'en appelle à la postérité; et le siècle à venir me fera raison du mauvais goût de celui-ci.

LE COMÉDIEN. — Quelque succès qu'ait notre pièce, nous n'espérons pas, monsieur, qu'elle passe aux siècles futurs; il nous sufît qu'elle plaise présentement à quantité de gens d'esprit, et que la peine de nos acteurs ne soit pas infructueuse.

LE CHEVALIER. — Si j'étais de vous autres comédiens, j'aimerais mieux tirer la langue d'un pied de long que de représenter de pareilles sottises : mourez de faim, morbleu, mourez de faim avec constance plutôt que de vous enrichir avec une aussi mauvaie pièce. Et qu'est-ce encore que cette critique dont vous nous menacez ?

LE COMÉDIEN. — Je vous dirai, monsieur, par avance, que ce n'est qu'une bagatelle; deux ou trois scènes qu'on a ajoutées pour donner à la comédie une juste longueur, et pour vous amuser jusqu'à l'heure du souper.

LE CHEVALIER. — Cela sera-t-il bon ?

LE COMÉDIEN. — C'est ce que je ne vous dirai pas : le public en jugera.

LE CHEVALIER. — Le public! le public! Ils n'ont autre chose à vous dire, le public! le public!

LE COMÉDIEN. — Monsieur, je vous laisse avec lui : tâchez à le faire convenir qu'il a tort; mais ne lui exposez que de bonnes raisons : il ne se paie pas de mauvais discours, je vous en avertis : il a souvent imposé silence à des gens qui avaient autant d'esprit que vous.   (Il s'en va.)

SCÈNE III

LE CHEVALIER, seul. — Je lui parlerais fort bien, si je me trouvais tête à tête avec lui; mais la partie n'est pas égale : il faut remettre l'affaire à une autre fois, et voir si ces messieurs voudront me rendre ma place.

SCÈNE IV

LA COMTESSE, LE MARQUIS, M. BONIFACE.

LA COMTESSE. — Holà! quelqu'un de mes gens! n'ai-je là personne? Mon carrosse, mon carrosse. Monsieur le marquis, sortons d'ici. Remuez-vous donc monsieur Boniface; vous voilà comme une idole : faites donc avancer mon équipage.

LE MARQUIS. — Sitôt que votre carrosse sera devant la porte, on viendra vous avertir; mais vous en avez encore pour un quart d'heure tout au moins.

LA COMTESSE. — Pour un quart d'heure! Quoi! il faudra que je demeure ici encore un quart d'heure? Je ne pourrai jamais suffire à tout ce que j'ai à faire aujourd'hui. On m'attend au Marais pour faire une reprise de lansquenet; je vais souper proche les Incurables; nous devons courir le bal toute la nuit; et sur les huit heures du matin, il faut que je me trouve à un réveillon à la porte Saint-Bernard.

LE MARQUIS. — Voilà, madame, bien de l'ouvrage à faire en fort peu de temps.

LA COMTESSE. — Ma vivacité fournira à tout; et si vous ne voulez pas me suivre, voilà monsieur Boniface qui ne m'abandonnera point dans l'occasion : c'est un jeune poëte que je produis dans le monde, un bel esprit qui fait des vers pour moi quand j'en ai besoin : je l'ai amené à la comédie pour m'en dire son sentiment.

LE MARQUIS, bas, à la comtesse. — Comment! tête à tête?

LA COMTESSE, bas, au marquis. — Pourquoi non? Il me sert de chaperon; il a une mine sans conséquence : que voulez-vous qu'une femme fasse d'un visage comme le sien? (*Haut.*) Je prétends bien qu'il vienne au bal avec moi. Mais, avant tout, tirez-moi de la foule, monsieur le marquis, tirez-moi de la foule. Mon carrosse, en arrivant, a été une heure dans la rue Dauphine, sans pouvoir avancer ni reculer; le voilà présentement dans le même embarras. Cela est étrange, que, dans une ville policée comme Paris, les rues ne soient pas libres, et que messieurs les comédiens empêchent la circulation des voitures.

LE MARQUIS. — Cela crie vengeance. Parbleu, monsieur Boniface, je suis bien aise de vous rencontrer dans les foyers. Vous venez de voir cette comédie qui a fait courir tant de monde; je serai charmé que vous m'en disiez votre sentiment : j'ai autrefois entendu de petits vers de votre façon qui n'étaient pas impertinents.

M. BONIFACE. — Oh! monsieur.

LA COMTESSE. — Monsieur Boniface a cent fois plus d'esprit qu'il ne paraît. J'aime les gens dont la mine promet peu et tient beaucoup. Il a l'air d'un cuistre ; mais je puis vous assurer qu'il n'est pas un sot.

M. BONIFACE. — On voit bien, madame la comtesse, que vous vous connaissez en physionomie.

LA COMTESSE. — C'est une source d'imagination vive, hardie, échauffée ; rien ne l'arrête, rien ne l'embarrasse : je lui trouve un fonds de science qui m'étonne, une fécondité qui m'épouvante. Croiriez-vous, monsieur le marquis, qu'il a fait vingt-cinq comédies, et, pour le moins, autant de tragédies ? Les comédiens n'en veulent jouer aucune : mais ce qu'il y a de beau, c'est que ses comédies font pleurer, et que ses tragédies font rire à gorge déployée.

LE MARQUIS. — C'est attraper le fin de l'art.

M. BONIFACE. — Madame la com'esse est, à son ordinaire, vive et pétulante ; il faut qu'elle se divertisse toujours aux dépens de quelqu'un.

LE MARQUIS. — Allons, monsieur Boniface, faites-nous part de vos lumières ; et dites-nous, je vous prie, votre avis sur la pièce que nous venons de voir.

M. BONIFACE. — Monsieur...

LA COMTESSE. — Parlez, parlez, monsieur Boniface ; mais soyez court : votre récit commence déjà à m'ennuyer ; je n'aime point les grands parleurs ; c'est le défaut des gens de votre métier. Je rencontrai dernièrement un auteur dans la rue, qui fit à toute force arrêter mon carrosse ; il me fatigua de ses vers pendant une heure entière ; il en récita au laquais, au cocher, aux chevaux ; et, si un autre carrosse ne fût survenu, qui lui serra les côtes de fort près et lui fit quitter prise, je crois qu'il parlerait encore, ou qu'il serait devenu lui-même la catastrophe de sa tragédie.

M. BONIFACE. — Je ne suis encore qu'un jeune candidat dans la république des lettres, un nourrisson des Muses : mais je soutiens que la pièce est vicieuse *à capite ad calcem*, c'est-à-dire de la tête aux pieds.

LA COMTESSE. — Un jeune candidat ! un jeune candidat ! un nourrisson des Muses ? Que dis-tu à cela, marquis? Les Muses n'ont-elles pas fait là une belle nourriture? Quand serez-vous sevré, monsieur Boniface?

M. BONIFACE. — Nous avons un peu lu notre poétique d'Aristote; et nous savons la différence de l'épopée avec le poëme dramatique, qui vient du grec παρὰ τὸ δρᾶν, id est, *agere*.

LA COMTESSE. — *Agere... agere...* Il faut avouer que cette langue grecque est admirable : il faut que vous me l'appreniez, monsieur Boniface... Que je serais ravie de savoir du grec? Quoi! je parlerais grec, je parlerais grec, monsieur le marquis? mais cela serait tout à fait plaisant.

LE MARQUIS. — Oui, madame, cela serait tout à fait plaisant et nouveau.

M. BONIFACE. — Je ne m'arrête point à la diction, je laisse cette critique aux esprits subalternes; c'est à l'analyse, à la conduite, à la texture d'une pièce que je m'attache; et, par là, je vous prouverai que celle-ci est impertinente.

LE MARQUIS. — Voilà qui est fort.

M. BONIFACE. — N'est-il pas vrai qu'il s'agit dans cette pièce d'un testament qui fait le nœud et le dénoûment de toute l'intrigue?

LE MARQUIS. — Vous avez raison.

M. BONIFACE. — Qui est-ce qui fait ce testament? Ne tombez-vous pas d'accord que c'est un valet?

LA COMTESSE. — Oui, c'est Crispin. Il me réjouit parfois; j'aime à le voir.

M. BONIFACE. — Or est-il que le Code Justinien, titre douze, *paragrapho primo, de testamentis*, nous apprend que ceux qui sont sous la puissance d'autrui ne peuvent pas tester. Le valet est sous la puissance de son maître; *ergo* je soutiens que le valet n'a pu faire de testament : et de là je conclus que la pièce est détestable.

LE MARQUIS. — Belle conclusion !

LA COMTESSE. — Voilà ce qui s'appelle saper un ouvrage par les fondements, raisonner juste, et décider comme j'aurais fait. Que monsieur Boniface a d'esprit ! c'est un gouffre de science. Mon Dieu, que j'aurais

envie de l'embrasser! mais la pudeur m'en empêche.
Pour vous consoler, monsieur Boniface, baisez ma main.
Te voilà, marquis, confondu, écrasé, anéanti. Tu ne ris
point? tu ne ris point?

LE MARQUIS. — Ce n'est pas, ma foi, que vous ne m'en
donniez tous deux une ample matière. Qu'avons-nous
affaire ici d'épopée et de tous les grands mots grecs et latins
dont monsieur Boniface fait une parade fastueuse?

LA COMTESSE. — Ce sont tous termes de l'art qui
sont cités fort à propos; l'épopée, le code Justinien, le
paragrapho. Je voudrais avoir trouvé une douzaine de
ces mots et les avoir payés d'une pistole pièce.

LE MARQUIS. — Apprenez, monsieur le jurisprudent
hors de saison, qu'il n'est point question, dans une
comédie, du droit romain ni de Justinien : il s'agit de
divertir les gens d'esprit avec art: et je vous soutiens,
moi, que la conduite de cette pièce est très-sensée.

M. BONIFACE. — C'est dont nous ne convenons pas
parmi nous autres savants.

LE MARQUIS. — Le premier acte expose le sujet; le
second fait le nœud; dans le troisième commence l'action; elle continue dans les suivants : tout concourt à
l'événement; l'embarras croît jusqu'à la dernière scène;
le dénoûment est tiré des entrailles du sujet. Tous les
acteurs sont contents, et les spectateurs seraient bien
difficiles s'ils ne l'étaient pas, puisqu'il me paraît qu'ils
ont été divertis dans les règles.

LA COMTESSE. — Pour moi, je n'entends point vos
règles de comédie; mais mon frère le chevalier, qui a
bon goût, et qui est presque aussi sage que moi, m'a
dit qu'elle ne valait rien; il ne l'a pourtant point encore vue.

LE MARQUIS. — C'est le moyen d'en juger bien saine-
ment.

LA COMTESSE. — Il n'a cependant manqué aucune représentation. La première, il ne vit rien; la seconde, il
n'entendit pas un mot; la troisième, il ne vit ni n'entendit; et, toutes les autres fois, il était dans les foyers,
occupé devant le miroir à rajuster sa personne, rani-

mer sa perruque, se renouveler de bonne mine, pour
être en état de donner la main à quelque femme de qualité, et la conduire avec succès dans son carrosse.

LE MARQUIS. — Je ne m'étonne pas s'il en parle si
bien.

LA COMTESSE. — Pour moi, ne trouvant plus de place
dans les premières loges, je l'ai vue la première fois
dans l'amphithéâtre, où je me trouvai entourée de cinq
ou six jeunes seigneurs qui ne cessèrent de folâtrer
autour de moi : jamais jolie femme ne fut plus lutinée ;
et, si la pièce n'avait promptement fini, je ne sais, en
vérité, ce qu'il en serait arrivé.

LE MARQUIS. — Vous avez bien raison, madame la
comtesse, de pester ; vous n'avez jamais tant couru de
risque en vos jours qu'à cette comédie.

M. BONIFACE. — Pour moi, j'étais dans le parterre à
la première représentation ; il ne m'en a jamais tant
coûté pour voir une mauvaise comédie : une moitié de
mon justaucorps fut emportée par la foule, et j'eus
bien de la peine à sauver l'autre au milieu des flots de
laquais qui m'inondèrent de cire en sortant, et me brû-
lèrent tout un côté de ma perruque.

LA COMTESSE. — Les auteurs qui ont des habits aussi
mûrs que le vôtre, monsieur Boniface, ne doivent point
se trouver dans le parterre à une première représentation.

LE MARQUIS. — Madame la comtesse a raison. Vous
êtes là un tas de mauvais poëtes cantonnés par pelo-
ton (je ne parle pas de ceux qui sont avoués d'Apollon,
dont on doit respecter les avis) ; vous êtes là, dis-je,
comme des âmes en peine, tout prêts à donner l'alarme
dans votre quartier, et à sonner le tocsin sur un mot
qui ne vous plaira pas. Sont-ce deux ou trois termes
hasardés, négligés, ou mal interprétés, qui doivent décider d'un ouvrage de deux mille vers ?

LA COMTESSE. — Tu te rends, marquis ; tu fléchis ; tu
demandes quartier. Courage, monsieur Boniface ; re-
mettez-vous ; l'ennemi plie ; tenez bon, quand il devrait
aujourd'hui vous en coûter votre manteau. Te moques-

tu, marquis, de te mesurer avec monsieur Boniface !
C'est le plus bel esprit du siècle ; il a voix délibérative
aux cafés ; et c'est lui qui fait un livre qui aura pour
titre : *Le Diable partisan, ou l'Abrégé des soupirs auprès
des cruelles.*

LE MARQUIS. — Mais enfin, vous conviendrez que la
pièce est...

LA COMTESSE. — Horrible, détestable, archidétestable ;
et qu'il n'y a que les entr'actes qui la soutiennent.

M. BONIFACE. — Que voulez-vous dire avec vos entr'actes ? Il me semble qu'il n'y en a point.

LA COMTESSE. — Il n'y en a point ! comment appelez-
vous donc ces pirouettes, ces caracoles, ces chaudes
embrassades qui se font sur le théâtre pendant qu'on
mouche les chandelles ? Voilà ce qui s'appelle des scènes
d'action et de mouvement des plus comiques. Place au
théâtre ! haut les bras ! Demandez plutôt au parterre, je
suis sûr qu'il sera de mon avis. Mais je perds ici bien
du temps. Mon cher monsieur Boniface, voyez, je vous
prie, si mon carrosse n'est point à la porte ; de moment
en moment je sens que je m'exténue ; je fonds, je péris,
je deviens nulle.

M. BONIFACE. — Dans un moment, madame, je viens
vous rendre réponse.

SCÈNE V

M. BREDOUILLE, LA COMTESSE, LE MARQUIS.

M. BREDOUILLE, sortant de la coulisse. — Allez toujours
devant, j'y serai aussitôt que vous ; ayez soin seulement que nous buvions bien frais, et que le rôt soit
cuit à propos.

LE MARQUIS. — Hé ! bonjour, mon cher M. Bredouille ;
que j'ai de joie de vous rencontrer ici ? Madame, vous
voyez devant vous l'homme de France qui fait la meilleure chère, et qui a cinquante bonnes mille livres de
rente

LA COMTESSE. — Je ne connais autre que monsieur. Bredouille ; j'ai été vingt fois à sa maison de campagne : c'est lui qui a inventé les poulardes aux huîtres, les poulets aux œufs, et les cervelles aux olives. Si je n'étais pas retenue, je lui proposerais de nous donner ce soir à souper, pour nous dédommager de la mauvaise comédie que nous venons de voir.

M. BREDOUILLE. — Qu'appelez-vous mauvaise comédie? mauvaise comédie!... Je la trouve excellente : je ne me suis jamais tant diverti ; et monsieur Clistorel m'a guéri de toute la mauvaise humeur que j'y avais apportée.

LA COMTESSE. — D'où venait ton chagrin, mon gros bredouilleux? Quelque quartaut de ta cave a-t-il échappé à ses cerceaux? et pleures-tu, par avance, le malheur qui nous menace de ne point avoir de glace pendant l'été?

M. BREDOUILLE. —Mon cuisinier avait, à dîner, manqué sa soupe ; ses entrées ne valaient pas le diable, et le coquin avait laissé brûler un faisant qu'on m'avait envoyé de mes terres. Je n'ai pas laissé d'y rire tout mon soûl, tout mon soûl.

LA COMTESSE. — Comment ! tu as pu rire de pareilles sottises ? Si je te faisais l'anatomie de cette pièce-là, tu tomberais dans un dégoût qui t'ôterait l'appétit pendant tout le carnaval.

M. BREDOUILLE. — Ne me la faites donc pas ; il n'est point ici question d'anatomie. Est-ce que le testament ne vous a pas réjouie? Il y a là deux *item* qui valent chacun une comédie. Et cette veuve, morbleu! cette veuve, n'est-elle pas à manger? Ce Poisson est plaisant, il me divertit : j'aime à rire, moi ; cela me fait faire digestion.

LA COMTESSE. — Et c'est justement la scène de la veuve qui m'a donné un dégoût pour la pièce ; j'ai une antipathie extrême pour cet habit ; et, si mon mari mourait aujourd'hui, je me remarierais demain pour n'être pas obligée de me présenter sous un si lugubre équipage. Je crois que je ne ferais pas mal dès à présent de choisir quelqu'un pour lui succéder. Qu'en dis-tu, marquis ?

LE MARQUIS. — Ce serait très-bien fait.

LA COMTESSE. — Et que dites-vous, s'il vous plaît, de ce gentilhomme normand, monsieur Alexandre Choupille, de l'enfant posthume, du Clistorel, et de la servante qui ne veut pas être interloquée ?

M. BREDOUILLE. — Eh bien ! interloquée, interloquée ! où est donc le grand mal ? N'ai-je pas été interloqué, moi qui vous parle, dans un procès que j'ai avec un de mes fermiers ?

LA COMTESSE. — Eh ! fi donc, monsieur ! fi donc !

M. BREDOUILLE. — Pour moi, je n'y éntends pas tant de façon ; quand une chose me plaît, je ne vais point m'alambiquer l'esprit pour savoir pourquoi elle me plaît.

LE MARQUIS. — Monsieur parle de fort bon sens.

M. BREDOUILLE. — Madame la comtesse, par exemple, je ne la détaille point par le menu ; il suffit qu'elle me plaise en gros : je n'examine point si elle a les yeux petits, le nez rentrant, la taille renforcée ; elle me plaît, je n'en veux point davantage.

LA COMTESSE, le contrefaisant. — M. Bredouille a raison ; car, voyez-vous, une femme est comme une comédie ; il y a de l'intrigue, du dénoûment. M. Bredouille, par exemple, je n'examine point s'il est gros ou menu, gras ou maigre ; il a de bon vin, on le va voir : en faut-il davantage ? N'est-il pas vrai, marquis ?

LE MARQUIS. — Oui, rien n'est plus clair que ce raisonnement-là.

M. BREDOUILLE. — Madame, je suis votre serviteur. Je vais souper à la Place-Royale, où nous devons attaquer un aloyau dans les formes ; et je serais au désespoir que la scène commençât sans moi.

LA COMTESSE, bredouillant. — C'est très-bien fait, monsieur Bredouille ; ne manquez pas d'en couper une douzaine de tranches à mon intention, et de boire autant de rasades à ma santé.

SCÈNE VI

LA COMTESSE, LE MARQUIS.

LA COMTESSE. — Voilà un plaisant original ! Mais que vois-je ? Il me semble que j'aperçois monsieur Clistorel. Il n'est pas encore déshabillé ; il faut l'appeler pour nous en divertir. Holà, ho, monsieur Clistorel ! un petit mot.

SCÈNE VII

CLISTOREL, apothicaire ; LE MARQUIS, LA COMTESSE.

CLISTOREL, apothicaire. — Les comédiens sont bien plaisants, de jouer sur leur théâtre un corps aussi illustre que celui des apothicaires ; et ce petit mirmidon de Clistorel bien impertinent, de s'attaquer à un homme comme moi !

LA COMTESSE. — Que voulez-vous donc dire ? n'êtes-vous pas monsieur Clistorel ? Comment donc ! je crois qu'en voilà un autre : je m'imaginais qu'il fût unique en son espèce. Holà, ho, monsieur Clistorel ! un petit mot.

SCÈNE VIII

CLISTOREL, comédien ; CLISTOREL, apothicaire ; LE MARQUIS, LA COMTESSE.

CLISTOREL, apothicaire, à Clistorel comédien. — C'est donc vous, mon petit ami, qui empruntez mon nom et ma personne pour les mettre dans vos comédies ? Savez-vous que je suis doyen des apothicaires ?

CLISTOREL, comédien. — Vous ! doyen des apothicaires ?

CLISTOREL, apothicaire. — Oui, moi.

CLISTOREL, comédien. — Que m'importe ? Ah ! ah ! ah ! la plaisante figure pour un doyen !

CLISTOREL, apothicaire. — Figure ! parbleu, figure vous-même : je serais bien fâché que la mienne fût aussi ridicule que la vôtre.

CLISTOREL, comédien. — Et moi je serais au désespoir de vous ressembler : ne voilà-t-il pas un petit gentilhomme bien tourné?

CLISTOREL, apothicaire. — Depuis deux cents ans nous tenons boutique d'apothicaire, de père en fils, dans le faubourg Saint-Germain.

CLISTOREL, comédien. — Oui, l'on dit que c'est vous qui récrépissez toutes les vieilles du quartier.

CLISTOREL, apothicaire. — Je puis me vanter qu'il n'y a pas d'homme en France qui ait plus raccommodé de visages que moi.

LA COMTESSE. — Vous avez raccommodé des visages ! Je croyais qu'un visage n'était pas de la compétence d'un apothicaire. Il faudra donc, monsieur Clistorel, que vous préludiez quelque jour sur le mien. Je suis jeune encore, comme vous voyez; mais quand j'ai bu du vin de Champagne, j'ai le lendemain le coloris obscur, les nuances brouillées, et des erreurs au teint qui me vieillissent de dix années.

CLISTOREL, comédien, à la comtesse. — Il a remis sur pied des teints aussi désespérés que le vôtre.

LA COMTESSE — Je puis l'assurer que mon visage ne lui fera point d'affront, et qu'il en aura de l'honneur.

CLISTOREL, apothicaire. — Pourquoi donc, mon petit comédien, connaissant mon mérite, êtes-vous assez impudent pour me jouer en plein théâtre?

CLISTOREL, comédien. — Nous y jouons tous les jours les médecins, qui valent bien les apothicaires.

CLISTOREL, apothicaire. — Savez-vous que personne n'approche de plus près que nous les princes et les grands seigneurs?

CLISTOREL, comédien. — Vous ne les voyez que par derrière; mais nous leur parlons face à face.

CLISTOREL, apothicaire. — Je suis apothicaire et médecin quand il le faut.

CLISTOREL, comédien. — Je joue, moi, dans le comique et dans le sérieux.

CLISTOREL, apothicaire. — J'ai fait, à Paris, quatre cours de chimie.

CLISTOREL, comédien. — J'ai joué, en campagne, les rois et les empereurs.

LA COMTESSE. — Quoi! vous jouez dans le sérieux! Un pygmée, un extrait d'homme comme vous représenterait Achille, Agamemnon, Mithridate! Marquis, que dis-tu de ce héros-là? Ne voilà-t-il pas un Mithridate bien fourni pour faire fuir les légions romaines?

LE MARQUIS. — Je vous prie, monsieur Clistorel le sérieux, de nous dire seulement deux vers, pour voir comment vous vous y prenez.

CLISTOREL, comédien. — Oui-dà.

« Et vous aurez pour vous, malgré les envieux,
« Et Lisette, et Crispin, et l'enfer et les dieux. »

CLISTOREL, apothicaire. — Il faut dire la vérité : voilà une belle taille pour faire un empereur!

CLISTOREL, comédien. — Voilà un plaisant visage pour avoir fait quatorze enfants à sa femme!

CLISTOREL, apothicaire. — Cela est faux, je lui en ai fait dix-neuf.

CLISTOREL, comédien. — Tant mieux, pourvu qu'ils soient tous de votre façon.

CLISTOREL, apothicaire. — Qu'est-ce à dire de ma façon? Apprenez que sur l'honneur, madame Clistorel n'a jamais fait de quiproquo.

CLISTOREL, comédien. — Elle ne vous ressemble donc pas?

CLISTOREL, apothicaire. — Moi, j'ai fait des quiproquo! Vous en avez menti.

CLISTOREL, comédien. — J'en ai menti?

(Ils se battent.)

LA COMTESSE, les séparant. — Monsieur l'apothicaire, monsieur le comédien, monsieur Clistorel, monsieur Mithridate...

CLISTOREL, apothicaire. — Avorton de comédien!

CLISTOREL, comédien. — Embryon d'apothicaire!

LA COMTESSE. — Doucement, messieurs, doucement :

je ne souffrirai point qu'il arrive de malheur, et que deux Clistorels se coupent la gorge en ma présence. Vous, monsieur Clistorel l'apothicaire, retournez dans votre boutique; et vous, monsieur Clistorel le comédien, je veux que vous me meniez au bal, et que nous dansions ensemble le rigodon, la chasse, les cotillons, la jalousie, et toutes les autres danses nouvelles, où j'excelle assurément; et je puis me vanter qu'il n'y a point de femme qui se trémousse dans un bal avec plus de noblesse, de cadence, de vivacité, de légèreté, et de pétulance.

SCÈNE IX

M. BONIFACE, LA COMTESSE, CLISTOREL, comédien; **CLISTOREL,** apothicaire; **LE MARQUIS.**

M. BONIFACE. — Madame, votre carrosse est à la porte, et vous descendrez quand il vous plaira.

LA COMTESSE. — Il a bien fait de venir; j'allais me jeter dans le premier venu. (A Clistorel, le comédien.) Allons, monsieur Clistorel, donnez-moi la main.

SCÈNE X

LE MARQUIS, seul.

Eh bien! morbleu, voilà ce qui s'appelle une comédie dans les règles! cela vaut mieux que l'autre; et je vous jure que l'on ne la jouera point que je n'y revenne. Je conseille à l'assemblée d'en faire autant.

FIN

4164. — Paris. — Typ. Tolmer et Isidor Joseph, 43, rue du Four-St-Germain.

www.ingramcontent.com/pod-product-compliance
Lightning Source LLC
Chambersburg PA
CBHW070131100426
42744CB00009B/1786